WISO: Kostenfaktor Zähne

Thomas J. Kramer ist stellvertretender Redaktionsleiter des ZDF-Wirtschaftsmagazins WISO und Moderator des WISO-Tipps.

Thomas J. Kramer

ZDF WISO

Kostenfaktor Zähne

Campus Verlag
Frankfurt/New York

Bibliografische Information der Deutschen Bibliothek
Die Deutsche Bibliothek verzeichnet diese Publikation in der Deutschen Nationalbibliografie. Detaillierte bibliografische Daten sind im Internet über http://dnb.ddb.de abrufbar.
ISBN-13: 978-3-593-37967-8
ISBN-10: 3-593-37967-8

Umschlaggestaltung: grimm.design, Düsseldorf
Umschlagmotiv: Getty Images Deutschland, München
Satz: Publikations Atelier, Dreieich
Druck und Bindung: Druck Partner Rübelmann, Hemsbach
Gedruckt auf säurefreiem und chlorfrei gebleichtem Papier.
Printed in Germany

Besuchen Sie uns im Internet: www.campus.de

Inhaltsverzeichnis

Vorwort

Es scheint schon lange her, da wurden Gesundheitsleistungen rund um die Zähne komplett von der gesetzlichen Versicherung bezahlt. Der Gang zum Zahnarzt war vor allem ein Gang zu einer Behandlung – über die Kosten, über die Qualität der Behandlung, über etwaige Gewährleistungsregeln musste man sich keine Gedanken machen. Lang, lang ist's her, und seit die Kosten im gesamten Gesundheitssektor explodiert sind, ist vor allem bei den Zähnen und beim Zahnersatz der Rotstift angesetzt worden. »Selbstbeteiligung« heißt seitdem ein Zauberwort der Gesundheitspolitiker, Eigenverantwortung ein anderes, und auf dem Weg zur privaten Übernahme aller Kosten rund um den Zahn sind wir schon recht weit gekommen. Musste sich der gesetzlich Versicherte vor Jahren erst einmal daran gewöhnen, regelmäßig zum Zahnarzt zu gehen und ein Bonusheft zu führen, um bis zu 15 Prozent mehr Zuzahlung zum Zahnersatz zu bekommen, so wurde inzwischen das System von prozentualen Beteiligungen an den Gesamtkosten umgestellt auf feste, zum Teil geringe Zuschüsse zu den eigentlichen Rechnungen. Fest bleibt da ab sofort der Zuschuss, die Rechnungen steigen sicherlich weiter. Und es geht bei aufwändigen Behandlungen mit Implantaten beispielsweise inzwischen schnell um Privatrechnungen im Gegenwert eines Kleinwagens, die eine intensive Beschäftigung mit dem Thema erfordern.

Und noch etwas hat sich dadurch schleichend, aber unumkehrbar geändert: Das Verhältnis zwischen Patient und Arzt und auch die Rolle der Krankenkasse. War in grauer Vorzeit der

Zahnarzt – wie heute noch der Klinikarzt – ein Gott in Weiß, der bestimmte, wo die Behandlung hinging, welche Materialien zum Einsatz kamen und wie abgerechnet wurde, so ist an diese Stelle heute ein Abwägen von Angebot und Nachfrage getreten: Welcher Zahnarzt hat einen guten Ruf? Welcher nimmt überhaupt Kassenpatienten kurzfristig an? Wie sind seine Preise? Welche Behandlungen schlägt er vor? Stellt er bereitwillig einen Heil- und Kostenplan auf? Gibt er Röntgenaufnahmen weiter, um einem Kollegen auch einen Heil- und Kostenplan zu ermöglichen? Und ist der Patient eigentlich wirklich ein gleichberechtigter Kunde, wie bei anderen Rechtsgeschäften auch? Oder sind nicht beide Seiten plus die genehmigende Krankenkasse in diesem neuen Dreiecksverhältnis überfordert? Überfordert von mangelnder Sachkenntnis, von ungleichen rhetorischen Fähigkeiten oder schlicht überwältigt von Zahnschmerzen?

Denn: Es geht um unsere persönliche Eintrittskarte in die Welt der Kommunikation, es geht um unser Gebiss. Die Zähne – und früher oder später der Zahnersatz – sind extrem wichtig für Aussehen, Ausstrahlung, Gesundheit und Wohlbefinden. Schöne Zähne spielen eine wichtige Rolle bei unserem heutigen Schönheitsempfinden. Perfekte Zähne unterstreichen Persönlichkeit und Gesellschaftsstatus und können unser Selbstvertrauen erheblich stärken – oder auch schwächen. Somit hat partieller oder sogar totaler Zahnverlust großen Einfluss auf unser Selbstbewusstsein und damit auf unser Wohlbefinden. Die nackten Zahlen: Jeder vierte Bundesbürger über 24 Jahre trägt schon Zahnersatz, ab dem 33. Lebensjahr ist es jeder dritte, und mit spätestens 50 ist es statistisch fast jeder.

Aus diesem Grund sollte natürliches Aussehen, perfektes und gesundheitlich unbedenkliches Material des Zahnersatzes selbstverständlich und preiswert sein. Im Frontzahnbereich kann die Form, Farbe und Stellung so gestaltet werden, dass auch Faktoren wie Ihr Geschlecht, Alter und Persönlichkeit mitberücksichtigt werden und der Zahnersatz durch die hohe Qualität sehr vieler Zahnärzte und Zahntechniker nahezu unsichtbar für Dritte ist. Aber das gilt eben beileibe nicht für alle und für jeden Fall.

Zusätzlich spielt aber auch der Preis eine immer wichtigere Rolle. Gerade in Zeiten sinkender Leistungen bei den gesetzlichen Krankenkassen und steigender Kosten im Rahmen der Selbstbeteiligung, sollten Sie als Patient einen umfassenden Preisvergleich nicht scheuen. Lassen Sie sich von mehreren Zahnärzten in Deutschland und im Ausland die Preise für Zahnersatz detailliert aufzeigen. Oder nutzen Sie die Möglichkeiten des Internets, um eine zweite Meinung einzuholen oder sogar Ihren Zahnersatz beim günstigsten Zahnarzt in Ihrer Nähe zu ersteigern.

Dieses Buch will helfen, beide Seiten auf einer sachlichen Ebene zueinander zu bringen. Welche Rechte haben die Patienten, welche Pflichten die Zahnärzte? Was muss die Kasse zahlen, was nicht? Und wie kommt dabei noch die private Zahnzusatzversicherung ins Spiel? Die Darstellung orientiert sich am »natürlichen« Verlauf bei einer Zahnerkrankung: Wie finde ich einen guten Zahnarzt? Wie gehe ich als Patient mit der Angst vor dem Zahnarzt um? Was ist eigentlich Zahnersatz? Welche Methoden gibt es? Wie sieht die Kostenseite aus? Was bezahlt die Kasse, was bleibt zur Zahlung aus dem eigenen Portemonnaie? Wie kann ich bei den Kosten im Inland und Ausland sparen? Wie sieht es mit Nachsorge und Gewährleistung aus? Wir sprechen übrigens in diesem Buch der Einfachheit halber vom Zahnarzt, gemeint ist natürlich auch ausdrücklich die Zahnärztin, wir wollen das Buch aber mit der ständigen Doppelnennung nicht verlängern.

Auch beim Zahnersatz gilt vor allem: Reden Sie miteinander! Als Patient können Sie faire und fachlich einwandfreie Informationen und Behandlungen erwarten, und dem Zahnarzt und seinen Mitarbeitern ist ein informierter Patient sicherlich lieber als ein nörgelnder Querulant.

Ihr Thomas J. Kramer

Vor der Behandlung

Wenn es um das Thema Zahnersatz geht, setzt der Gesetzgeber mehr und mehr auf das Prinzip Eigenverantwortung. Wer regelmäßig Zähne putzt und den Zahnarzt besucht, braucht nach Meinung der Politiker in Berlin kaum noch Füllungen, Kronen oder Brücken. Tatsächlich kann man mit sorgfältiger Pflege nach dem heutigen Stand der Wissenschaft drohendem Zahnverlust erfolgreich vorbeugen. Doch fleißiges Putzen und der jährliche Zahnarztbesuch allein sind oft nicht ausreichend um das Normalgebiss in voller Schönheit zu erhalten. Nicht erst, wenn richtige Lücken in den Zahnreihen stören, ist die Behandlung beim Zahnarzt angesagt. Wenn es aber so weit ist, stellt sich die Frage, wie diese wieder zu schließen sind. Jeder Patient kennt die Schlagworte Zahnimplantate und Prothesen, aber was benötigt man bei beschädigten oder fehlenden Zähnen genau an künstlichem Zahnersatz?

Je nachdem, wo und wie der Zahnverlust aufgetreten ist und wie viel Zähne fehlen, stehen dem Zahnarzt dafür verschiedene »Lückenfüller« zur Verfügung. Die Varianten reichen von der einfachen Zahnkrone über das festsitzende Zahnimplantat bis hin zur teilweisen oder kompletten Zahnprothese. Entscheidend für die Wahl des Zahnersatzes ist vor allem Ihre individuelle Zahnlücke. Die Größe der Lücke und die Befestigungsmöglichkeiten für den Zahnersatz bestimmen, ob Zahnimplantate, eine Zahnprothese oder eine Zahnkrone infrage kommen. Da die Kosten für Zahnprothesen, Zahnkronen, Zahnbrücken und Zahnimplantate zum großen Teil von Ihnen als Patienten selbst übernommen werden müssen, spielen natürlich auch die finanziellen Möglichkeiten jedes Einzelnen eine große Rolle. Hinzu kommt, dass auch Zahnärzte bestimmte Methoden, Materialien und auch bestimmte Laborarbeiten favorisieren. Um Empfehlungen des eigenen Zahnarztes einschätzen zu können, Alternativen mit Ihrem Zahnarzt zu besprechen und die Kosten für den Zahnersatz zu überschauen, bietet diese Buch Informationen zu den einzelnen Zahnersatzvarianten wie Füllungen, Inlays, Kronen, Zahnimplantaten und Prothesen.

Neue Zahnersatzspielregeln: Fester Zuschuss statt prozentualer Beteiligung

Nicht erst seit den letzten Änderungen bei der Finanzierung des Zahnersatzes im Jahr 2005 ticken die Uhren beim Zahnarzt anders. Denn für Zahnersatz haben sich die Spielregeln in den letzten Jahren ständig geändert. War es früher so, dass bei einem Zahnersatz die Krankenkasse – je nach erlangtem Bonus – einen prozentualen Zuschuss auf die vertraglich vereinbarten Kosten in Höhe von 50, 60 oder 65 Prozent zahlte, so wird inzwischen für einen entsprechenden Befund nur noch ein fester Zuschuss gewährt. So zahlt die Kasse beispielsweise für eine zahnbegrenzte Lücke mit einem fehlenden Zahn je Lücke für eine Brücke mit einem ersetzten Zahn ohne Bonus: 273,30 Euro. Wer also eine Lücke in den Zähnen hat, kann nun selbst entscheiden, ob er sich eine schlichte oder eine teure Brücke oder Prothese anfertigen lässt oder sogar ein Zahnimplantat: Die Kasse zahlt nicht mehr prozentual von der Rechnung, sondern immer denselben Zuschuss. Also beispielsweise nicht mehr wie früher 50 Prozent von 1 000 Euro, sondern bei unserem Beispielbefund genau 273,30 Euro, unabhängig davon, ob die Behandlung teurer oder günstiger ausfällt. Dabei spielt es dann keine Rolle mehr, wie nun diese Lücke versorgt wird: Ob mit einer festen Brücke oder durch Implantat, stets wird von der Kasse das Gleiche – der befundorientierte Festzuschuss – bezahlt, der eine politisch gewollte Grundversorgung abdeckt.

Das politische Ziel dieser Finanzierungsumstellung wurde zumindest kurzfristig erreicht: Die Änderungen brachten den Kassen einen deutlichen Rückgang bei den Ausgaben für den Zahnersatz. Gaben die gesetzlichen Krankenkassen bis 2004 noch rund 4 Milliarden Euro für Zahnersatz aus, dürften es ab 2005 nur noch 2,1 Milliarden Euro jährlich sein. Ein Rückgang um fast 50 Prozent. So zumindest das Ergebnis einer Berechnung der Innungskrankenkassen (IKK). Grund für diese Einsparung sind eben nicht gesündere Gebisse, sondern eher das seit Anfang 2005 geltende neue Verfahren zur Abrechnung von Zahnersatz.

Der Vorteil dieser nun geltenden Regelung ist zum einen, dass der Patient selbst entscheiden kann, welche Möglichkeit er bei mehreren Versorgungsformen in Anspruch nimmt, zum anderen, dass es bei den Zuschüssen mehr Gerechtigkeit gibt: Wurde bisher eine teure Versorgung, die sich längst nicht alle leisten konnten, von der Versichertengemeinschaft mit einem absolut hohen Anteil unterstützt, so ist jetzt der Zuschuss für eine preiswerte wie auch für eine aufwändige Versorgung gleich hoch. Der Haken an der neuen Art der Finanzierung: Sie als Patient müssen die von Ihnen verursachten Mehrkosten aus eigenem Portemonnaie bezahlen. Sie haben zwar die Wahl über die Qualität der Behandlung, aber besserer Zahnersatz wird nicht mehr prozentual von der Kasse bezahlt, sondern eben aus dem eigenen Einkommen oder Vermögen oder sogar auch auf Finanzierungsbasis. Bei vielen Zahnersatzformen deckt der Festzuschuss eben nur einen kleinen Teil der Gesamtkosten ab. Sie als Patient müssen tiefer in die eigene Tasche greifen, wählen Sie zum Beispiel Teleskopkronen, die nicht an den Eckzähnen befestigt sind.

Keine Änderungen gibt es beim einfachen Bohren, bei Füllungen, beim Zahnziehen, bei der Zahnsteinentfernung und der Parodontosebehandlung: Diese Zahnbehandlungen werden wie bisher voll und ganz über die Kassenversicherungskarte von der Kasse bezahlt. Und für die jährlichen Vorsorgeuntersuchungen und Zahnsteinentfernung (einmal pro Jahr) entfällt auch weiterhin die Praxisgebühr.

Zahnweh: Keine Angst vorm Zahnarzt

Es ist ein leichter Druck, nur ein unangenehmes Gefühl, das sich mit der Zeit aber immer öfter bemerkbar macht. Der Zahnschmerz kommt meist nicht aus heiterem Himmel. Über Monate, vielleicht Jahre, werden Anzeichen wie Kälte- oder Wärmeempfinden ignoriert, die altersgemäß immer freier liegenden Zahnhälse am Übergang vom Zahn in den Kiefer nicht mehr richtig gesäubert, dann kommt ein eher sanfter Schmerz, der wieder vergeht. Eines Tages ist es so weit: Die Pein wird unerträglich, und dann muss alles ganz schnell gehen. Schmerz ist zwar ein guter Grund, endlich aktiv zu werden, ein guter Ratgeber ist er nicht. Der erste Rat dieses Buches heißt:

WISO rät

> Suchen Sie Ihren Zahnarzt nicht erst aus oder auf, wenn es schmerzt. Kümmern Sie sich in gesunden Zeiten mit Vorsorgeuntersuchungen um einen guten Zahnarzt, der Ihr Vertrauen verdient.

Angst vorm Zahnarzt – und was man dagegen tun kann

Die meisten Menschen freuen sich zwar nicht unbedingt auf den Zahnarztbesuch, aber es macht ihnen zumindest nicht viel aus. Bei manchen Menschen ist die Angst vor der bevorstehenden Behandlung aber derart groß, dass sie nicht mal zu Kontrollterminen gehen und notwendige Behandlungen so lange aufschieben, bis eine umfangreichere Therapie nicht mehr zu umgehen ist.

»Angst« oder besser eine gewisse Besorgnis angesichts der Behandlung sind nicht unvernünftig. Manche Behandlungsmaßnahmen wie etwa die Geräusche und Gerüche beim Bohren rufen unangenehme Gefühle hervor oder sogar Schmerzen, die manchmal auch erst nach der Behandlung schlimm werden, wenn die Betäubung nachlässt. Jeder Mensch möchte »unversehrt« bleiben, und Angstgefühle sorgen dafür, dass man Gefahr vermeidet. Angst vor der Zahnbehandlung zeigt immer an, dass sich der Patient gefährdet fühlt, auch wenn er weiß, dass der Zahnarzt ihm eigentlich helfen will. Solche Gefühle und Gedanken entstehen, wenn man entweder »schlechte Erfahrungen« gemacht hat, andere einem von »Katastrophen« berichten oder man den Eindruck hat, dass der Zahnarzt nicht »vorsichtig« genug mit einem umgeht.

Obwohl eine gewisse Besorgnis in der Behandlung vernünftig ist, gibt es für große Angst meist keinen Grund. Auch bei sehr langwierigen oder schmerzhaften Eingriffen sorgen Anästhesie und moderne Geräte heute für eine möglichst geringe Belastung. Angst kann sogar schädlich sein, wenn sie zu einer Vermeidung notwendiger Behandlungen führt. Diese »Argumente« helfen dem jedoch wenig, der bereits starke Angst hat. Gerade in solchen Fällen schaffen es die Patienten meist nicht selbst, ihre Angst zu bewältigen. Sie nehmen entweder schon vor einer Behandlung Beruhigungsmittel oder bitten jemand darum mitzugehen und stehen notwendige Eingriffe nur mit äußerstem Energieaufwand durch. Hierdurch wird die Angst nicht beseitigt. Am wirksamsten ist es, den Zahnarzt über seine Befürchtungen zu informieren. Alle Zahnärzte lernen heute in der Ausbildung und später in vielen Fortbildungsveranstaltungen, dass ängstliche

Patienten ganz normale Patienten sind und einfach etwas mehr Zuwendung oder zusätzliche Beruhigungsmaßnahmen benötigen, ehe sie sich behandeln lassen. Es gibt heute eine ganze Palette von Möglichkeiten, Patientenängste abzubauen. Hier einige Beispiele:

Akupunktur Durch ein paar gezielt gesetzte Akupunkturnadeln löst sich die von Angst verursachte Verspannung im Körper, die Muskulatur und die Nerven lockern sich. Eine entspannte Behandlung wird dadurch ermöglicht.

Hypnose Der Effekt ist sehr ähnlich. Der Patient wird in eine leichte Trance versetzt, bleibt aber noch ansprechbar, ja kann bei Behandlungsschritten noch mitentscheiden. Dennoch ist er in seiner Fantasie so »weit weg«, dass seine Verkrampfungen sich lösen und seine Angst zurückgeht.

Medikamente Manche Ärzte haben sehr gute Erfahrungen mit vorab (unter Aufsicht des Zahnarztes!) gegebenen Beruhigungsmitteln. Die Arzneimittel lösen die Angst, und ihre Wirkung hält so lange an, bis die Behandlung vorbei ist.

Gespräche Entspanntes Reden über die Ängste und die Erinnerung, woher sie kommen, sind im Vorfeld sinnvoll. Oder Patienten dürfen zum Beispiel den Bohrer, den Absauger oder die Luftdüse auf der Hand ausprobieren, das Gefühl kennen lernen, das dort verursacht wird. Manchmal klappt eine Zahnbehandlung schon nach einer ersten entspannten Kontaktrunde, in anderen Fällen müssen mehr Anläufe genommen werden.

Wenn sich aber von Behandlung zu Behandlung eine vernünftige Besorgnis zu einer übergroßen Angst steigert, weil man nichts von seiner inneren Anspannung abbauen kann und der Behandler dies nicht erkennt, ist die Mundgesundheit ernsthaft bedroht. In diesem Falle sollte der Patient einen Arzt oder Therapeuten aufsuchen, der sich ganz speziell mit solchen gesteigerten Angstzuständen beschäftigt. In fast allen Länderzahnärztekammern existieren Listen von besonders auf diesem Gebiet ausgebildeten Behandlern.

Vollnarkose – nur in Ausnahmefällen Nur bei Patienten, die eine so starke Behinderung haben, dass sie zum Beispiel die Mundmuskulatur nicht selbst steuern können (Mund öffnen, offen halten und so weiter), wird auch eine Vollnarkose eingesetzt. In solchen Fällen arbeitet der Zahnarzt allerdings mit einem Narkosearzt (Facharzt für Anästhesie) zusammen, der die Narkose überwacht. Eine Vollnarkose wünschen sich manche Eltern für ihre überängstlichen, oftmals schreienden Kinder. Bei allem Verständnis für die enorme nervliche Belastung für alle Seiten: Eine Vollnarkose ist dafür nicht gedacht! Medizinische Gründe sprechen dagegen: Gerade für den empfindlichen Organismus kleiner Kinder ist eine Vollnarkose eine außerordentlich große Belastung und kann unerwünschte Nebenwirkungen nach sich ziehen – »nur wegen Karies« darf dieses Risiko nicht eingegangen werden. Es gibt aber noch einen anderen Grund: Wenn ein Kind nur unter Vollnarkose behandelt wird, prägt sich ihm dies als Erfahrung ein. Es erlebt nicht den Erfolg, seine Ängste mit eigener Kraft überwunden und die Behandlung bewusst ertragen und überstanden zu haben. Ein solches Kind bleibt vermutlich immer ein Angst-Patient.

Die Zahnarztsuche: Wie finde ich den Richtigen?

Für Sie als Patienten gibt es vielfältige Informationsmöglichkeiten. Natürlich steht Ihnen der Griff zu den Gelben Seiten, dem Branchenverzeichnis, frei, aber besser scheint uns die »Mund-zu-Mund-Propaganda« zu sein. Wer von Ihren Freunden, Nachbarn oder Verwandten hat mit seinem Zahnarzt gute Erfahrungen gemacht? Wer hat ähnliche Probleme mit dem Gebiss? Wer hat kontinuierliche Behandlungen über Jahre hinweg mit guten Ergebnissen? Scheuen Sie sich nicht, danach zu fragen. Aber: Kann denn jeder Zahnarzt alles? Ein Zahnarzt, der in Deutschland ein klassisches Studium absolviert hat, ist für sämtliche Behandlungen ausgebildet. Natürlich kann es vorkommen, dass Sie individuelle Fragen haben, die von Spezialisten beantwortet werden müssen. Dann verweist Sie Ihr Zahnarzt möglicherweise an einen der folgenden Spezialisten:

Mund-, Kiefer- und Gesichtschirurgen oder Oralchirurgen führen chirurgische Eingriffe wie die Entfernung von Zysten, Tumoren und Zähnen durch. Sie können Brüche oder andere Probleme des Kiefers korrigieren, die einen chirurgischen Eingriff erforderlich machen. Sie verwenden auch Methoden, die denen der plastischen Chirurgie ähnlich sind, um kosmetische Probleme des Kiefers und des Gesichts zu behandeln.
Kieferorthopäden korrigieren Fehlstellungen der Zähne durch den Einsatz von Spangen oder anderen Apparaturen zum Verschieben der Zähne in eine geeignetere Position.
Parodontologen sind auf die Diagnose und Behandlung von schweren Zahnfleischerkrankungen spezialisiert. Diese Fachleute gibt es nicht bundesweit, sondern nur in einigen Bundesländern. Aber auch viele Zahnärzte sind auf die Behandlung des Zahnhalteapparates spezialisiert.

Darüber hinaus gibt es weitere Bereiche, in denen sich Zahnärzte weiterbilden können. Dazu zählen in Deutschland Tätigkeitsschwerpunkte wie Kinderzahnheilkunde, Wurzelkanalbehandlung oder Implantologie. In den letzten Jahren hat sich die Implantologie zu einer beliebten Behandlungsmethode entwickelt. Zahnärzte, die offiziell den »Tätigkeitsschwerpunkt Implantologie« angeben, müssen bestimmte Kriterien erfüllen. Sie haben normalerweise eine Reihe spezialisierter Fortbildungen besucht und bereits eine bestimmte Anzahl von Implantaten eingesetzt. Implantate sind zwar eine perfekte Lösung, die sich allerdings nicht für jeden Patienten eignet.

WISO rät

Fragen Sie gezielt nach der medizinisch besten Lösung und der Erfahrung des Zahnarztes mit Implantaten. In diesem Buch finden Sie die Daten zahlreicher Patientenberatungsstellen, Hotlines und Fachgesellschaften, die Ihnen bei zahnmedizinischen Fragen oder der Zahnarztsuche gezielt weiterhelfen können. So finden Sie schnell und zuverlässig den Experten, den Sie brauchen.

Einen Zahnarzt oder Arzt einzuschätzen, ist für den Laien wesentlich schwieriger, als beispielsweise die Qualität anderer Dienstleister – etwa Handwerker – auszuloten. Dort gibt es nachprüfbare Produkte oder zertifizierte Leistungen, ob aber Zahnersatz wirklich fachgerecht und preiswert im Mund sitzt, ist für den Laien kaum nachzuvollziehen. Denn was einen Mediziner wirklich für Sie persönlich zu einem guten Zahnarzt macht, lernt er als Medizinstudent nicht im Hörsaal. Trotzdem gibt es einige entscheidende Hinweise auf seine Qualität, die Sie genau beachten sollten.

WISO rät

Wenn Sie das Gefühl haben, dass Ihr Zahnarzt nicht Ihren Erwartungen entspricht, sprechen Sie ihn darauf an. Sie haben ein Recht auf eine fachgerecht durchgeführte Behandlung.

Checkliste: Zahnarztwahl

Die Zahnarztpraxis

- ☐ Macht die Praxis den Eindruck, dass es diesem Zahnarzt um Gesundheit geht? Finden Sie im Wartezimmer Grünpflanzen, Bilder, warme Farben, vielleicht ein Aquarium? Gibt es eine Spielecke für Kinder? Sind die Sitzecken bequem – und vor allem rückenfreundlich? Haben Sie das Gefühl, dass derjenige, der für die Einrichtung zuständig ist, ein positiver Mensch ist?
- ☐ Die Praxis macht einen hellen, freundlichen Eindruck.
- ☐ Das Praxispersonal begegnet Ihnen zuvorkommend.
- ☐ Sie werden über die Praxisspielregeln (Sprechzeiten, Hausbesuche usw.) informiert.
- ☐ Die Praxis ist modern ausgestattet.
- ☐ Realistische Terminvergabe ist Standard.
- ☐ Sie haben geringe Wartezeiten, da die Praxis per Computer gut organisiert ist.
- ☐ Bleibt Ihre Intimsphäre gewahrt? Ihre Befunde werden nicht am Empfang diskutiert? Falls im Wartezimmer Gespräche mit Arzthelferinnen geführt werden – geschieht das diskret?
- ☐ Herrscht in der Praxis eine angenehme Ruhe?
- ☐ Gibt es einen besonderen Service, wie z. B. Piepser, die die Patienten mitnehmen können? Diese informieren dann, wenn der Termin naht.

Ihr Zahnarzt

- ☐ Ihr Zahnarzt hat eine gepflegte Erscheinung.
- ☐ Er achtet auf Hygiene, wäscht seine Hände vor der Untersuchung/Behandlung.
- ☐ Trägt er bei Untersuchungen Handschuhe?
- ☐ Nimmt Ihr Zahnarzt sich für Sie angemessen Zeit?
- ☐ Hinterfragt er Ihre Lebensumstände und bezieht Ihre Persönlichkeit in seine Diagnose und Behandlung mit ein?
- ☐ Erklärt er Ihnen, wie er Ihren Gesundheitszustand sieht?
- ☐ Nimmt er Ihre Befürchtungen und Ihre Angst ernst?
- ☐ Erklärt er Ihnen seine Vorgehensweise in der Diagnose und Behandlung?
- ☐ Geht er auf Ihre Fragen geduldig ein?
- ☐ Signalisiert seine Körperhaltung Offenheit?
- ☐ Achten Sie auf seine Sprache. Redet er viel von Problemen und Krankheiten oder davon, wie Sie wieder gesund werden können?
- ☐ Wählt er eine verständliche Sprache, sodass Sie seinen Ausführungen auch ohne medizinisches Wörterbuch folgen können?
- ☐ Hört er Ihnen wirklich aufmerksam zu?

Wie sieht Ihr Zahnarzt seine Aufgabe?

- ☐ Lernt Ihr Zahnarzt niemals aus? Hält er sich über medizinische Entwicklungen stets auf dem neuesten Stand?
- ☐ Kennt Ihr Zahnarzt seine Grenzen und zieht Kollegen zurate, wenn er sich nicht sicher ist?
- ☐ Sieht/behandelt Ihr Zahnarzt Sie als ganzheitliches Individuum, stellen für ihn Seele und Körper eine Einheit dar, fragt er nach anderen Krankheiten?
- ☐ Überlässt Ihr Zahnarzt Ihnen weiterhin die Verantwortung für Ihre Gesundheit? Ist er Ihr Verbündeter im Streben nach Gesundheit?
- ☐ Widerspricht Ihr Zahnarzt Ihnen von Fall zu Fall? Lehnt er manchmal einen Wunsch aus guten Gründen ab?
- ☐ Hat Ihr Zahnarzt diesen Beruf gewählt, weil er ihn als Berufung empfindet?
- ☐ Kann Ihr Behandler auch »Nein« sagen? Achtet er auf sein Wohlbefinden, oder lässt er sich von den vielfältigen Forderungen auffressen, die an ihn herangetragen werden?
- ☐ Geht Ihr Zahnarzt verantwortungsvoll mit Rezepten um?
- ☐ Können Sie seine Einstellung zu Krankheit, Gesundheit und Tod nachvollziehen und respektieren?

Zahnersatz: Was ist das?

Die künstlichen Zähne, die so genannten »dritten« Zähne, bezeichnet man nach den »Milchzähnen« und den »bleibenden Zähnen« als Zahnersatz. Genauer: Zahnersatz ist die Vervollständigung eines lückenhaften Gebisses aus gesundheitlichen oder kosmetischen Gründen. Man unterscheidet dabei unterschiedliche Arten und Qualitäten, genauer von Kronenersatz, Zahnersatz und Kieferersatz. Der Kronenersatz ist nur bei einwandfrei erhaltener Wurzel möglich. Der Zahn ist eher am Rand beschädigt, der Kern ist noch intakt. Die Krone wird aus Edelmetalllegierungen, Stahl, Kunststoff oder Keramik hergestellt, und dabei verwendet man im Frontzahngebiet Mantel- oder Jackettkronen aus Porzellan oder Kunststoff, die den verbliebenen echten Zähnen in Form und Farbe angepasst werden. Muss die komplette Zahnkrone ersetzt werden, so wird ein Stift in die Wurzel versenkt, an dem ein Aufbau befestigt ist. Dies nennt man auch Stiftaufbau. Der vollständige komplette Zahnersatz für fehlende Zähne erfolgt durch festsitzenden Brückenersatz oder teilweise herausnehmbaren Zahnersatz. Hier dienen Metalllegierungen, Kunststoff, Kautschuk oder rostfreier Stahl als Material. Künstliche Zähne werden auch auf Implantate aufgesetzt, die vorher im Kieferknochen implantiert werden und dort einwachsen.

Grundlagen: Die lieben Zähne

Ein bisschen Biologie muss an dieser Stelle sein! Zähne sind definiert als »Einzelelemente des Gebisses des Menschen und der Wirbeltiere«. Vorläufer der Mundzähne sind die Hautzähne der Knorpelfische, bei denen die Placoidschuppen mit Zähnchen aus Zahnbein (Dentin) besetzt und verkalkt sind. Die Mundzähne sitzen bei Knorpelfischen und Säugetieren auf den Kiefern, bei Fischen, Amphibien und Reptilien an allen Knochen der Mundhöhle.

Am Zahn kann man die Krone, die Zahnwurzel und dazwischen den Zahnhals unterscheiden. Die Zahnwurzeln sind im Kiefer mit einem Faserapparat befestigt. Im Innern des Zahns findet sich ein Hohlraum, der das Zahnmark, auch Pulpa genannt, mit Gefäßen und Nerven enthält, die sich durch feine Kanäle in den Wurzeln nach außen schlängeln. Die Masse des Zahns wird vom Zahnbein, dem Dentin, gebildet, das zu einem Viertel bis Drittel aus lebender Substanz besteht.

Bei den meisten Säugetieren und beim Menschen werden die Zähne einmal im Leben gewechselt, wenn das Milchgebiss gegen das bleibende Gebiss ausgewechselt wird. Einen solchen Zahnwechsel gibt es bei allen Wirbeltieren. Außer bei den Säugetieren werden die Mundzähne laufend ersetzt und erneuert. Bei Reptilien, Säugetieren und dem Menschen ist die Krone überzogen von Zahnschmelz, einer Abscheidung der Epidermis. Der Zahnschmelz besteht fast nur aus anorganischen Stoffen, wobei Fluorverbindungen seine außerordentliche Härte bewirken.

Zähne müssen unterschiedliche Formen haben, je nach ihrer Aufgabe und Stellung im Gebiss. Im Säugetiergebiss und dem menschlichen Mund kommen drei verschiedene Zahntypen vor: Schneidezähne (Incisiven), Eckzähne (Caninen), beide mit nur einer Wurzel; Backenzähne (Prämolaren und Molaren) mit ein bis vier Wurzeln. Von diesen kommen die Backenzähne allein im bleibenden Gebiss vor, alle anderen werden gewechselt. Bei Pflanzen fressenden Säugetieren nutzen sich die Zähne durch Reibung stark ab; sie haben entweder die Fähigkeit, längere Zeit (zum Beispiel beim Pferd) oder dauernd (zum Beispiel Schneidezähne der Nagetiere) nachzuwachsen; oder dadurch, dass die Zähne nicht gleichzeitig gebildet werden, können abgekaute durch neue ersetzt werden, etwa die Backenzähne beim Elefanten, wo jeweils ein Backenzahn abgekaut wird, die anderen nacheinander gebildet werden und von hinten nachrücken.

Das menschliche Gebiss besteht im endgültigen kompletten Zustand aus 32 Zähnen: vier Schneidezähne, zwei Eckzähne, vier Prämolaren und sechs Molaren in jedem der beiden Kiefer. Im Milchgebiss fehlen die 12 Molaren. Der erste Zahndurchbruch erfolgt beim Säugling meist im sechsten bis achten Monat. Ein früheres Zahnen, etwa schon bei der Geburt, ist sehr selten, kleine Verzögerungen dagegen kommen oft vor. Der zweite Zahndurchbruch oder Zahnwechsel vollzieht sich vom sechsten bis zum zwölften Lebensjahr. Die dritten Backenzähne (Weisheitszähne) erscheinen ab dem 16. Lebensjahr, oft erheblich später oder gar nicht.

In Kürze: Was ist Zahnersatz?

Unter Zahnersatz versteht man festsitzenden Zahnersatz, herausnehmbaren Zahnersatz, kombiniert festsitzenden oder herausnehmbaren Zahnersatz und Implantate.

Kronen Es wird ein Ersatz auf den beschädigten Zahn aufgesetzt wie eine Krone auf den Kopf. Dies wird empfohlen bei weitgehend beschädigter Zahnkrone. Der Zahnarzt beschleift den Zahn rundum und je nach Diagnose oder ästhetischem Empfinden erfolgt die Restauration mit einer Teilkrone, mit einer reinen Metallkrone, die zusätzlich entweder mit Kunststoff oder Keramik verblendet werden kann, oder mit einer Keramikkrone.

Brücken Brückenzahnersatz wird empfohlen bei Verlust von einem oder zwei benachbarten Zähnen. Der Zahnarzt beschleift dazu die Nachbarzähne wie für eine Krone. Auch hier besteht wieder die Möglichkeit, die reine Metallbrücke mit Kunststoff oder Keramik zu verblenden oder eine metallfreie Brücke aus Keramik zu wählen.

Herausnehmbarer Zahnersatz Während bei zahnlosen Kiefern ohne Implantate eine Totalprothese notwendig ist, genügt bei teilbezahnten Kiefern eine Teilprothese, je nach individuellen Ansprüchen des Patienten. Aufgrund der modernsten zahnmedizinischen Erkenntnisse lassen sich heutzutage sowohl Teil- wie auch Totalprothesen in Aussehen und Tragekomfort kaum noch von den echten Zähnen unterscheiden.

Kombiniert festsitzender/herausnehmbarer Zahnersatz Diese Art von Zahnersatz wird bei teilbezahnten Kiefern angewandt und kann mit Hilfe von zum Beispiel Geschieben oder Riegeln im Mund befestigt, kann aber auch leicht wieder herausgenommen werden.

Implantate Bei Verlust eines oder mehrerer Zähne oder bei völliger Zahnlosigkeit gibt es die Möglichkeit, festsitzenden oder abnehmbaren Zahnersatz im Kiefer an einoperierten künstlichen Zahnwurzeln zu verankern. Der große Vorteil von Implantaten ist, dass die gesunden Nachbarzähne nicht wie bei einer Brücke beschliffen und in Mitleidenschaft gezogen werden. Bei starkem Knochenschwund insbesondere im Unterkiefer ist es manchmal die einzige Möglichkeit, eine Prothese sicher zu verankern.

Der Behandlungsweg beim abnehmbaren Zahnersatz

Beim Zahnarzt ist es ganz ähnlich wie bei anderen Reparaturen auch: Es gibt verschiedene Behandlungsphasen über einen gewissen befundabhängigen Zeitraum.

1. Voruntersuchung durch den Zahnarzt und Erstabformung der zahnlosen Kiefer
2. Funktionsabdruck
3. Festlegung der Bisshöhe und Aussuchen der Zähne
4. Einprobe und Ästhetikkontrolle
5. Eingliederung und nachfolgend Kontrolle von Druckstellen
6. Nachsorgephase

Die Voruntersuchung

Bevor der Zahnarzt mit der Behandlung beginnt, müssen einige wichtige Maßnahmen vorausgehen: Diese Phase nennt der Zahnarzt Anamnese oder Befunderhebung. Das Ergebnis sollte ein umfassendes Bild über den allgemeinen Gesundheitszustand und die konkrete Situation im Mund des Patienten sein. Sie ist mit der Befunderhebung und Beurteilung die Basis für die eigentliche Therapieplanung. Viele Angaben sind notwendig, wenn eine zahnärztliche Behandlung erfolgreich verlaufen soll – daher wird auch besonders beim ersten Besuch eines Patienten in einer Praxis nach dem allgemeinen Gesundheitszustand gefragt und auf dem so genannten »Anamnesebogen« festgehalten: Liegen beispielsweise Herzerkrankungen oder Kreislaufprobleme vor, besteht ein Nierenleiden? Gefragt wird zum Beispiel auch nach Blutgerinnungsstörungen oder Diabetes. All das beeinflusst die spätere Behandlung, manche Erkrankungen können Heilverläufe behindern. Der Zahnarzt muss auch wissen, ob bestimmte Medikamente regelmäßig eingenommen werden oder ob eine Schwangerschaft vorliegt.

Der Patient hat zwar in aller Regel dem Zahnarzt vorher gesagt, was er sich wünscht oder wo er ein Problem hat, doch darauf allein kann sich der Zahnarzt nicht stützen. Er muss sich ein eigenes fachliches Bild von der Mundsituation verschaffen. Zum Beispiel prüft er, ob es weitere Zahn- oder Munderkrankungen gibt, von denen der Patient selbst noch gar nichts ahnt; wie die Zahnstellung ist, welche Behandlungen bereits durchgeführt wurden; ob zum Beispiel Füllungen, Inlays, Kronen oder Brücken vorhanden sind. Eine solche Übersicht über die Situation im Mund nennt der Zahnarzt »Zahnstatus«. Dieser wird später, falls Zahnersatz beantragt werden soll, im Heil- und Kostenplan im so genannten »Zahnschema« festgehalten.

Mit solchen Angaben ist die Eingangsuntersuchung aber noch nicht abgeschlossen. Je nach festgestellter Mundsituation können weitere Untersuchungen erforderlich sein. Etwa zum Zustand des Zahnfleisches, wenn der Zahnarzt Anzeichen für eine Entzündung vorfindet. In vielen Fällen sind auch Röntgenaufnahmen notwendig, um »hinter die Kulissen« zu blicken und die mit den Augen unternommene Untersuchung abzusichern. Mehr zum Thema Röntgen finden Sie weiter unten. Bestimmte Zähne, die beispielsweise eine Krone erhalten oder als Tragepfeiler für eine Brücke oder Teleskopprothese dienen sollen, werden in dieser Phase auf ihre Gesundheit (»Vitalität«) hin untersucht. Nur wenn der Zahn bis in seine Wurzel gesund und fest in Zahnfleisch und Kieferknochen verankert ist, kann er zum Beispiel als Stütze für eine Brücke dienen. Auch die Stellung der Zähne zueinander ist wichtig: Wenn sie nicht »richtig« übereinander stehen, hat das Auswirkungen auf den zu fertigenden Zahnersatz und seine Haltbarkeit nach der Eingliederung.

Ehe eine Behandlung den Stand der detaillierten Planung erreicht, ist also schon viel Zeit und zahnärztliches Wissen notwendig. All das, was dabei herausgekommen ist (der Zahnarzt spricht von »Befund«), wird von der Zahnarzthelferin in der Patientenkartei festgehalten, manchmal auch direkt in eine Computerdatei übertragen. Diese Untersuchungsergebnisse und das »aktuelle Problem« (»Diagnose«) sind die Grundlage für die nachfolgende Behandlungsempfehlung des Zahnarztes an seinen Patienten.

Röntgenaufnahmen

Der Zahnarzt kann nicht in Ihren Kiefer hineinsehen, trotzdem ist genau das für den Befund äußerst wichtig. Das Röntgen ist eine der wichtigsten Untersuchungsmethoden. Es zeigt die innere Beschaffenheit von Zähnen und Kiefer. Ein großer Teil der Karies wäre für den Zahnarzt etwa ohne röntgen nicht sichtbar. Das gilt insbesondere für Karies an Flächen, die den Zahnzwischenraum bilden. Diese Flächen erscheinen auf dem Röntgenbild dunkler. Allerdings: Karies im Frühstadium ist durch Röntgen noch nicht sichtbar. Die Strahlenbelastung ist heute relativ gering. Mit modernen Geräten, hoch empfindlichen Filtern und bei Einhaltung der Sicherheitsvorschriften ist das Röntgen ungefährlich. Achten Sie als Patient aber immer auf das Tragen von Bleischürze und Bleikragen! Der Zahnarzt ist verpflichtet, die Bilder zehn Jahre lang aufzubewahren. Er muss die Bilder auch weiterbehandelnden Ärzten vorübergehend überlassen.

WISO rät

Will Ihr Zahnarzt innerhalb weniger Monate größere Aufnahmen wiederholen, sollten Sie nach dem Grund fragen. Sinnvoll ist dies nur zum Teil. Etwa, wenn der Arzt den Zustand der Zähne vor und nach einer komplizierten Behandlung (Implantat, Wurzelbehandlung) vergleichen und Ihnen diese Aufnahmen zeigen möchte.

Musteranamnesebogen

Zahnarzt Dr. Heinz Bohr

Ihre Angaben werden von uns gespeichert, unterliegen aber den strengen Bestimmungen des Datenschutzes und der ärztlichen Schweigepflicht.

Ärztlicher Fragebogen

Patient . . . .
Name . . . .
Vorname . . . .
Geburtsdatum . . . .

Anschrift . . . .
Straße . . . .
PLZ Ort . . . .
Telefon mobil * . . . . . . E-Mail * . . . .

Versicherung. . . . .
( ) GKV-pflichtversichert ( ) GKV-freiwillig ( ) privat

*Beruf**

. . . .

*Arbeitgeber**

. . . .

Fragen nach Vorerkrankungen/Risiken:

- akute/chronische Herzleiden

  . . . .

- Hatten Sie bereits einen Infarkt/Schlaganfall?

  . . . .

- Bestehen Blutgerinnungsstörungen?

  . . . .

- niedriger/hoher Blutdruck

  . . . .

- innere Krankheiten (zum Beispiel Diabetes)
  . . . .
- Infektionskrankheiten (insbes.: Hepatitis, Tbc)
  . . . .
- Auto-Immunerkrankungen (zum Beispiel Rheuma, Collitis). . . . .
- Allergien
  . . . .
- Atemwegserkrankungen
  . . . .
- Bestehen andere Grundleiden?
  . . . .
- Medikamentenunverträglichkeit
  . . . .
- Medikamente, die zur Zeit eingenommen werden:
  . . . .
- Werden – insbesondere – »Blutverdünner« eingenommen? . . . .
- Besteht eine Schwangerschaft? Entbindungstermin:
  . . . .
- Sind Sie zurzeit in ärztlicher Behandlung? * . . . .
  . . . .
- Wer ist Ihr Hausarzt? *
  . . . .
- Wen dürfen wir benachrichtigen, falls Sie Hilfe von Angehörigen brauchen? *
  Name . . . . Telefon. . . . .

Ich bestätige die Richtigkeit der obigen Angaben

. . . .

Datum Unterschrift

. . . .

* = freiwillige Angaben

Die Behandlungs- und Kostenplanung

Egal, welche Art von Zahnersatz, ob Regel- oder andere Versorgungsformen beabsichtigt sind, es gilt immer: Vor Beginn einer Behandlung mit Zahnersatz ist als Grundlage immer ein vertraglich vereinbarter Heil- und Kostenplan, kurz HKP vom Zahnarzt kostenlos aufzustellen und Ihnen als Patienten auszuhändigen. Damit können Sie sich von Ihrer Krankenkasse eine Kostenzusage für den Festzuschuss holen und auch eventuelle Zuzahlungen aus privater Tasche kalkulieren. Dieser HKP dient ausschließlich für die Zahnersatzbehandlung und nicht für etwaige dabei im Zusammenhang stehende Zahnfleischbehandlungen oder andere vorbereitende Maßnahmen. In der Praxis hat es sich eingebürgert, dass der Plan direkt von der Zahnarztpraxis an die Kasse geschickt wird – dies allerdings nur im Sinne einer Vereinfachung des Ablaufes und ohne rechtliche Grundlage. Der genehmigte Plan hat dann nur eine Gültigkeit von sechs Monaten.

Wenn Sie Zahnersatz benötigen, erstellt Ihr Zahnarzt zeitnah diesen Heil- und Kostenplan, den er direkt oder Sie der Krankenkasse zur Genehmigung vorlegen. Dieser Plan dokumentiert, wie die Behandlung aussehen soll und welche Kosten dafür voraussichtlich entstehen. Zum 1. Januar 2005 ist das Formular für den Heil- und Kostenplan geändert worden. Seit Mitte 2005 besteht das Formular aus zwei Teilen und informiert ausführlich über die zu erwartenden Gesamtkosten und den Eigenanteil des Patienten.

Abbildung 1: Heil- und Kostenplan, Teil 1

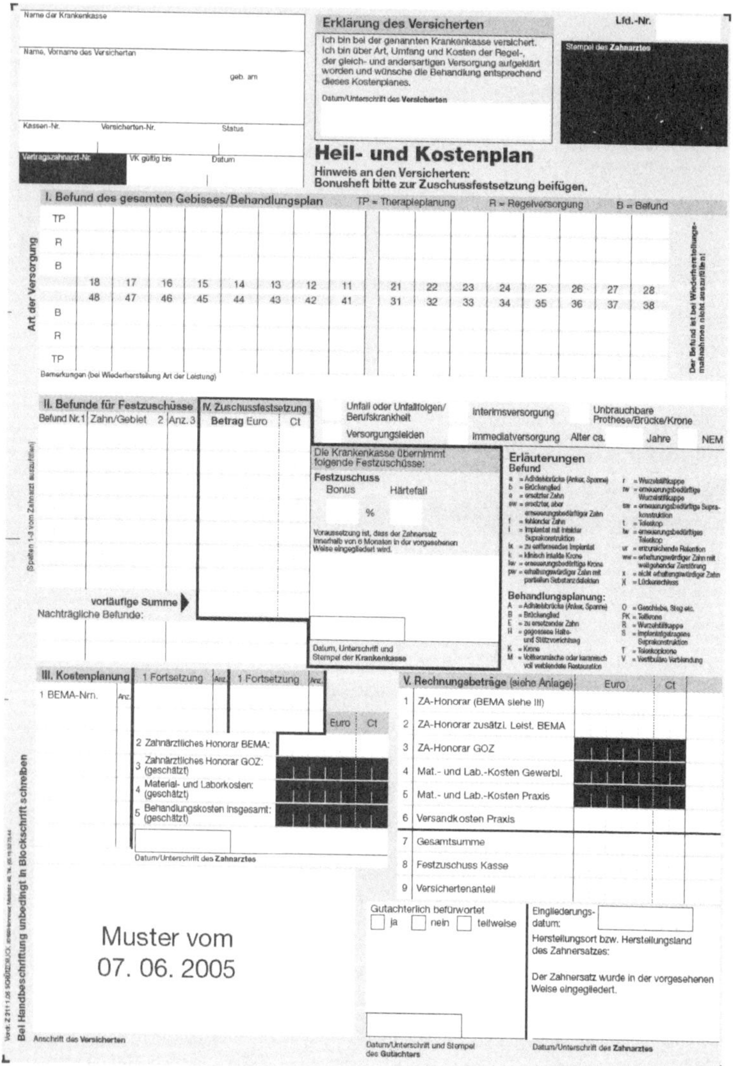

Name der Krankenkasse
Name, Vorname des Versicherten
geb. am
Kassen-Nr. Versicherten-Nr. Status
Vertragszahnarzt-Nr. VK gültig bis Datum

Erklärung des Versicherten
Ich bin bei der genannten Krankenkasse versichert. Ich bin über Art, Umfang und Kosten der Regel-, der gleich- und andersartigen Versorgung aufgeklärt worden und wünsche die Behandlung entsprechend dieses Kostenplanes.
Datum/Unterschrift des Versicherten

Lfd.-Nr.
Stempel des Zahnarztes

Heil- und Kostenplan
Hinweis an den Versicherten:
Bonusheft bitte zur Zuschussfestsetzung beifügen.

I. Befund des gesamten Gebisses/Behandlungsplan TP = Therapieplanung R = Regelversorgung B = Befund

Art der Versorgung

TP
R
B
18 17 16 15 14 13 12 11 21 22 23 24 25 26 27 28
48 47 46 45 44 43 42 41 31 32 33 34 35 36 37 38
B
R
TP

Bemerkungen (bei Wiederherstellung Art der Leistung)
Der Befund ist bei Wiederherstellungsmaßnahmen nicht auszufüllen!

II. Befunde für Festzuschüsse
Befund Nr. 1 | Zahn/Gebiet 2 | Anz. 3
(Spalten 1-3 vom Zahnarzt auszufüllen)
vorläufige Summe
Nachträgliche Befunde:

IV. Zuschussfestsetzung
Betrag Euro | Ct

Unfall oder Unfallfolgen/Berufskrankheit
Versorgungsleiden
Interimsversorgung
Immediatversorgung
Unbrauchbare Prothese/Brücke/Krone
Alter ca. Jahre NEM

Die Krankenkasse übernimmt folgende Festzuschüsse:
Festzuschuss
Bonus Härtefall
%
Voraussetzung ist, dass der Zahnersatz innerhalb von 6 Monaten in der vorgesehenen Weise eingegliedert wird.
Datum, Unterschrift und Stempel der Krankenkasse

Erläuterungen
Befund
a = Adhäsivbrücke (Anker, Spanne)
b = Brückenglied
e = ersetzter Zahn
ew = ersetzter, aber erneuerungsbedürftiger Zahn
f = fehlender Zahn
i = Implantat mit intakter Suprakonstruktion
ix = zu entfernendes Implantat
k = klinisch intakte Krone
kw = erneuerungsbedürftige Krone
pw = erhaltungswürdiger Zahn mit partiellen Substanzdefekten
r = Wurzelstiftkappe
rw = erneuerungsbedürftige Wurzelstiftkappe
sw = erneuerungsbedürftige Suprakonstruktion
t = Teleskop
tw = erneuerungsbedürftiges Teleskop
ur = unzureichende Retention
ww = erhaltungswürdiger Zahn mit weitgehender Zerstörung
x = nicht erhaltungswürdiger Zahn
)(= Lückenschluss

Behandlungsplanung:
A = Adhäsivbrücke (Anker, Spanne)
B = Brückenglied
E = zu ersetzender Zahn
H = gegossene Halte- und Stützvorrichtung
K = Krone
M = Vollkeramische oder keramisch voll verblendete Restauration
O = Geschiebe, Steg etc.
PK = Teilkrone
R = Wurzelstiftkappe
S = implantatgetragene Suprakonstruktion
T = Teleskopkrone
V = Vestibuläre Verblendung

III. Kostenplanung
1 BEMA-Nrn. | Anz. | 1 Fortsetzung | Anz. | 1 Fortsetzung | Anz.
Euro | Ct
2 Zahnärztliches Honorar BEMA:
3 Zahnärztliches Honorar GOZ: (geschätzt)
4 Material- und Laborkosten: (geschätzt)
5 Behandlungskosten insgesamt: (geschätzt)
Datum/Unterschrift des Zahnarztes

V. Rechnungsbeträge (siehe Anlage) | Euro | Ct
1 ZA-Honorar (BEMA siehe III)
2 ZA-Honorar zusätzl. Leist. BEMA
3 ZA-Honorar GOZ
4 Mat.- und Lab.-Kosten Gewerbl.
5 Mat.- und Lab.-Kosten Praxis
6 Versandkosten Praxis
7 Gesamtsumme
8 Festzuschuss Kasse
9 Versichertenanteil

Gutachterlich befürwortet
ja nein teilweise
Datum/Unterschrift und Stempel des Gutachters

Eingliederungs-datum:
Herstellungsort bzw. Herstellungsland des Zahnersatzes:
Der Zahnersatz wurde in der vorgesehenen Weise eingegliedert.
Datum/Unterschrift des Zahnarztes

Bei Handbeschriftung unbedingt in Blockschrift schreiben
Anschrift des Versicherten

Muster vom
07. 06. 2005

Abbildung 2: Heil- und Kostenplan, Teil 2

Zahnarzt (Briefkopf)

Patient (Adresse)

Anlage zum Heil- und Kostenplan vom ....

Für Ihre prothetische Behandlung werden entsprechend nachfolgender Aufstellung voraussichtlich folgende Kosten/Eigenanteile anfallen:

Zahn/Gebiet	GOZ	Leistungsbeschreibung	Anzahl	Betrag EUR

Zahnärztliches Honorar GOZ (entsprechend Zeile III/3 HKP): EUR ....

Zahnärztliches Honorar BEMA (entsprechend Zeilen III/1 und 2 HKP): EUR ....

Material und Laborkosten (entsprechend Zeile III/4 HKP): EUR ....

Gesamtkosten (entsprechend Zeile III/5 HKP): EUR ....

abzüglich Festzuschüsse: EUR ....

Ihr voraussichtlicher Eigenanteil wird hiernach betragen EUR ....

Kosten für allgemeine und konservierend-chirurgische Leistungen nach der GOZ sind in den Beträgen nicht enthalten. Unvorhersehbare Leistungen, die sich im Rahmen der Behandlung ergeben, werden gesondert berechnet. Unvorhersehbare Veränderungen der Schwierigkeit sowie des Zeitaufwandes der einzelnen Leistungen, der Umstände bei der Ausführung oder der Methode können zu Kostenveränderungen führen.

Ich wünsche eine Versorgung entsprechend des Heil- und Kostenplans nebst dieser Anlage

....

Unterschrift Zahnarzt — Datum/Unterschrift Versicherter

Information über die Kosten der Regelversorgung

Die Kosten für eine dem Befund entsprechende Regelversorgung liegen voraussichtlich in Höhe des doppelten Festzuschusses.

doppelter Festzuschuss EUR ....

abzüglich von der Kasse festgesetzter Festzuschüsse EUR ....

Ihr Eigenanteil würde im Falle der Regelversorgung daher voraussichtlich EUR .... zzgl. der möglicherweise anfallenden Edelmetallkosten betragen.

I-0.907 Co/Kr 01.06.2005

ent-kzbv-kostenvoranschlag-v7.doc

Der Heil- und Kostenplan

Der erste Teil des HKP enthält die für die Abrechnung mit der Krankenkasse notwendigen Angaben. Der Abschnitt I (Befund/Behandlungsplan) des Heil- und Kostenplans zeigt ein Zahnschema, in das der zahnmedizinische Befund, die Regelversorgung und die tatsächlich geplante Versorgung eingetragen werden. Zur Beschreibung verwendet der Zahnarzt bestimmte Kürzel, die auf dem Formular erläutert sind. Die für den jeweiligen zahnmedizinischen Befund geltende Regelversorgung trägt der Zahnarzt immer ein, unabhängig davon, welche Art von Zahnersatz tatsächlich eingesetzt werden soll. Sind zusätzliche oder andere Leistungen als die Regelversorgung geplant, füllt der Zahnarzt die Zeile TP (Therapieplanung) zusätzlich aus.

Der Abschnitt II (Befunde für Festzuschüsse) des Heil- und Kostenplans stellt die Grundlage für die spätere Berechnung der Festzuschüsse durch die Krankenkasse dar. Hier muss der Zahnarzt alle Befund-Nummern nennen, die gemäß den Festzuschussrichtlinien für die geplante Behandlung ausschlaggebend sind. Soll zum Beispiel ein Zahn im Frontzahnbereich überkront werden, sind für die Berechnung der Festzuschüsse die Befund-Nr. 1.1 (für den erhaltungswürdigen Zahn) und 1.3 (für die Verblendung) maßgebend. Zusätzlich gibt der Zahnarzt noch den Zahn an, auf den sich die Befund-Nummer bezieht und die Anzahl der zu berechnenden Befunde.

Mit dem Abschnitt III (Kostenplanung) erhält der Patient einen Überblick über die voraussichtlichen Behandlungskosten. Sie setzen sich aus dem zahnärztlichen Honorar und den Material- und Laborkosten zusammen. Je nach geplanter Behandlung berechnet der Zahnarzt sein Honorar nach unterschiedlichen Gebührenverzeichnissen: Für »Kassenleistungen« wird nach dem so genannten »Bewertungsmaßstab für zahnärztliche Leistungen« (BEMA) abgerechnet, für die Abrechnung von Privatleistungen ist die »Gebührenordnung für Zahnärzte« (GOZ) maßgeblich.

Sind Privatleistungen vorgesehen, erhält der Patient zusätzlich den zweiten Teil des Heil- und Kostenplans mit einer ausführlichen Kostenaufstellung.

Achtung!

Zum Zeitpunkt, zu dem der Heil- und Kostenplan zusammengestellt wird, können die Kosten nur geschätzt werden. Ob die tatsächlichen Kosten etwas höher oder niedriger ausfallen, richtet sich nach den individuellen Arbeiten für jeden einzelnen Patienten. Bei der Berechnung der zahntechnischen Arbeiten etwa orientiert sich der Zahnarzt an Durchschnittskosten vergleichbarer Behandlungen. Welche Arbeiten genau anfallen, stellt sich oft erst im Labor heraus. Auch die zahnärztlichen Leistungen sind nicht immer genau voraussehbar, manchmal ergibt sich erst während der Behandlung, dass weitere Leistungen erforderlich sind. Bei größeren Änderungen in der Therapieplanung ist aber die erneute Genehmigung durch die Krankenkasse einzuholen.

In Abschnitt IV (Zuschussfestsetzung) des Heil- und Kostenplans trägt die Krankenkasse alle Festzuschussbeträge ein und vermerkt, ob und in welcher Höhe dem Patienten ein Bonusanspruch zusteht. Wer regelmäßig zum Zahnarzt geht und sein Bonusheft fünf Jahre lang lückenlos führt, der erhält 20 Prozent mehr Zuschuss, nach zehn Jahren sind es 30 Prozent. Härtefallpatienten haben Anspruch darauf, die Regelversorgung ohne Zuzahlung zu erhalten und bekommen deshalb einen entsprechend höheren Zuschuss. Nach Bewilligung der Festzuschüsse erhält der Zahnarzt den Heil- und Kostenplan zurück, und die Behandlung kann beginnen.

Achtung!

Die Zusage der Krankenkasse ist ein halbes Jahr gültig, innerhalb dieser Zeit muss die Behandlung abgeschlossen sein.

In Abschnitt V (Rechnungsbeträge) trägt der Zahnarzt nach Abschluss der Behandlung die tatsächlich angefallenen Kosten, den Gesamtzuschuss der Krankenkasse und den verbleibenden Versichertenanteil ein. Zudem gibt er das Datum an, wann der Zahnersatz eingegliedert wurde, sowie den Herstellungsort oder das Herstellungsland des Zahnersatzes. Anschließend bestätigt er mit Datum und Unterschrift, dass der Zahnersatz in der vorgesehenen Weise eingegliedert wurde. Diese Angaben dienen der Abrechnung der Festzuschüsse mit der Krankenkasse. Der Patient erhält vom Zahnarzt zusätzlich eine Rechnung über seinen Eigenanteil.

WISO rät

Der Heil- und Kostenplan ist das Ergebnis der gemeinsamen Entscheidung von Zahnarzt und Patient. Wenn Sie einen Plan erhalten und ihn mit seinen Kürzeln nicht wirklich verstanden haben oder ganz allgemein noch Klärungsbedarf haben, fragen Sie Ihren Zahnarzt oder dessen Mitarbeiterinnen. Sie werden Ihnen hoffentlich gerne Auskunft geben.

Der zweite Teil des Plans (auch Anlage zum HKP genannt) wurde zum 1. Juli 2005 eingeführt. Er ist für den Patienten bestimmt und dient dazu, ihm größtmögliche Klarheit über die Kosten zu verschaffen. Der Zahnarzt füllt den zweiten Teil nur dann aus, wenn der Patient eine von der Regelversorgung abweichende Behandlung, also gleich- oder andersartigen Zahnersatz wünscht. Also immer dann, wenn Leistungen geplant sind, die nach der privaten Gebührenordnung für Zahnärzte abgerechnet und von Ihnen bezahlt werden.

Der obere Abschnitt des Formulars zeigt die Kostenaufstellung der geplanten Zahnersatzversorgung. Damit erhält der Patient genaue und verständliche Informationen über die voraussichtlichen Gesamtkosten, die Zuschüsse der Krankenkasse und seinen Eigenanteil.

Damit der Versicherte auch über mögliche Alternativen zur geplanten Versorgung Bescheid weiß, trägt der Zahnarzt im unteren Abschnitt des Formulars zusätzlich auch die Kosten ein, die bei der Wahl der entsprechenden Regelversorgung anfallen würden. Damit kann der Patient direkt vergleichen, wie viel er bei der tatsächlich geplanten Versorgung zuzahlen muss und wie viel er bei der Wahl der Regelversorgung zu zahlen hätte. Wie man den neuen HKP »liest«, lesen Sie hier im Folgenden.

Befund des gesamten Gebisses/Behandlungsplan

Der erste Abschnitt von Teil eins des Heil- und Kostenplans gibt Auskunft über den Gebisszustand des Patienten und die Art der geplanten Versorgung. Hier trägt der Zahnarzt die »Basis« für die spätere Genehmigung der Krankenkasse und die Kostenabrechnung ein.

Schematische Darstellung des Gebisses

Die Einträge erfolgen im so genannten Zahnschema, in dem jeder Zahn mit einer bestimmten zweistelligen Nummer dargestellt wird. Die Nummerierung folgt einem international gültigen Bezeichnungssystem, bei dem das Gebiss zunächst in Quadranten (Viertelkreise) unterteilt wird:

Rechte Hälfte des Oberkiefers	=	1. Quadrant
Linke Hälfte des Oberkiefers	=	2. Quadrant
Linke Hälfte des Unterkiefers	=	3. Quadrant
Rechte Hälfte des Unterkiefers	=	4. Quadrant

Jeder Quadrant hat acht Zähne, die ihrerseits vom Schneidezahn an mit eins beginnend durchnummeriert werden.

Abbildung 3: Quadranten mit Zahnnummerierung

1. Quadrant **oben rechts** 18 17 16 15 14 13 12 11	**2. Quadrant** **oben links** 21 22 23 24 25 26 27 28
48 47 46 45 44 43 42 41 **unten rechts** **4. Quadrant**	31 32 33 34 35 36 37 38 **unten links** **3. Quadrant**

Damit steht die Zahnbezeichnung fest: Die erste Ziffer gibt den Quadranten an, in dem sich der Zahn befindet, die zweite Ziffer steht für die genaue Lage des Zahnes im Quadranten. Wenn der Zahnarzt zum Beispiel etwas zu Zahn 18 einträgt oder von 18 (»eins acht«) spricht, meint er den Weisheitszahn auf der rechten Seite des Oberkiefers.

Zeile B – Befund gibt Aufschluss über die vorhandene Situation in Ihrem Mund. Hier trägt der Zahnarzt alle zahnmedizinischen Befunde ein, wobei er bestimmte Kürzel verwendet. Zum Beispiel bedeutet ein »f«, dass der Zahn fehlt, ein »ww« steht für »erhaltungswürdiger Zahn mit weitgehender Zerstörung« und ein »k« bedeutet »klinisch intakte Krone«. Die erlaubten Kürzel und ihre Bedeutung sind auf dem Heil- und Kostenplan erläutert. Zur Unterscheidung der anderen Feldzeilen werden die Kürzel in der Zeile B in Kleinbuchstaben angegeben.

Übersicht: Kürzel Befundzeile

a	=	Adhäsivbrücke (Anker, Spanne)
b	=	vorhandenes Brückenglied
e	=	bereits ersetzter Zahn
ew	=	ersetzter, aber erneuerungsbedürftiger Zahn
f	=	fehlender Zahn
i	=	vorhandenes Implantat mit intakter Suprakonstruktion
ix	=	zu entfernendes Implantat
k	=	vorhandene klinisch intakte Krone
kw	=	erneuerungsbedürftige Krone
kv	=	vestibulär verblendete Krone
pw	=	erhaltungswürdiger Zahn mit partiellen Substanzdefekten
r	=	vorhandene Wurzelstiftkappe
rw	=	erneuerungsbedürftige Wurzelstiftkappe
sw	=	erneuerungsbedürftige Suprakonstruktion
t	=	vorhandenes Teleskop
tw	=	erneuerungsbedürftiges Teleskop
ur	=	unzureichende Retention
ww	=	erhaltungswürdiger Zahn mit weitgehender Zerstörung
x	=	nicht erhaltungswürdiger Zahn
)(	=	Lückenschluss

Zeile R – Regelversorgung In die Zeile R trägt der Zahnarzt die für die Versorgung des Befundes notwendige Regelversorgung ein, und zwar unabhängig davon, welche Art von Zahnersatz tatsächlich eingesetzt werden soll. Was bei einem bestimmten Befund die Regelversorgung ist, entnimmt der Zahnarzt den Zahnersatz- und Festzuschussrichtlinien. Wie schon in der Befundzeile, werden auch für die Beschreibung der Regelversorgung die auf dem Heil- und Kostenplan genannten Kürzel der Befundzeile verwendet, hier allerdings in Großbuchstaben. So steht zum Beispiel der Buchstabe »B« für ein Brückenglied, »K« für Krone und das Kürzel »KV« für »vestibulär verblendete Krone«, das ist eine Krone, die nur auf der Vorderseite verblendet wird.

Zeile TP – Therapieplanung Haben Patient und Zahnarzt vereinbart, dass die Regelversorgung umgesetzt werden soll, bleibt die Zeile TP leer. Sind jedoch zusätzliche oder andere Leistungen als die Regelversorgung geplant, füllt der Zahnarzt die Zeile TP zusätzlich aus. Zur Beschreibung der geplanten Versorgungsart verwendet er auch hier in Großbuchstaben die auf dem Plan erläuterten Kürzel. Ein Beispiel: Der zweite Schneidezahn oben rechts ist weitgehend zerstört, aber erhaltungswürdig. Entsprechend zeigt die Befundzeile B bei Zahn 12 den Eintrag »ww«. Die Regelversorgung für diesen Befund ist eine vestibulär verblendete Krone, der Eintrag bei Zeile R lautet KV. Wünscht der Patient stattdessen eine voll verblendete Krone, werden zusätzliche Leistungen erforderlich. In diesem Fall füllt der Zahnarzt die Zeile TP aus, der Zahn 12 erhält den Eintrag »KM« für die geplante voll verblendete Krone.

Übersicht: Kürzel Behandlungsplan

A	=	Adhäsivbrücke (Anker, Spanne)
B	=	Brückenglied
E	=	zu ersetzender Zahn
H	=	komplett gegossene Halte- und Stützvorrichtung
K	=	Krone
M	=	vollkeramische oder keramisch vollverblendete Restauration
O	=	Geschiebe, Steg und so weiter

PK = Teilkrone
R = Wurzelstiftkappe
S = implantatgetragene Suprakonstruktion
T = Teleskopkrone
V = Kunststoffverblendung
G 1-3 = Goldgussfüllung
Y 1-3 = Keramikeinlagefüllung
I = Implantat
K_o_K = Steg mit Verbindungsvorrichtung

Übersicht: Kürzelerklärung fürs Ausland (Deutsch/Englisch/Französisch/Spanisch)

F = Füllung/filling/obturation/obturación
I = Implantat/implant/implant/implante
R = Reparatur/repair/réparer/reparar
K = Krone/crown/couronne/corona
KV = vestibulär verblendete Krone/vestibular crown/couronne vestibulaire/corona vestibular (nur Vorderseite verblendet)
E = ersetzter Zahn/tooth substitution/dent substituante/diente de substitución
PIN = Stiftaufbau/abutment/tenon radiculaire/pilar con espiga
F = fehlender Zahn/tooth absent/dent absente/diente perdido
SK = Stiftkrone/pivot crown/couronne á tenon radiculaire/corona a pivote
X = Lückenschluss/closure/space fermeture d'une brèche/espace cierre de espacio
B = Brückengliedspan/bridge/traveé de pont/vano de puente

H = Halteelement/apparatus attachment/appareile de soutien de la dent/aparato deconexiión periodental
U = Unterfütterung/relining/rebasage rebase/recubrimiento
T = Teleskopkrone/crown telescope/couronne télescope/corona telescópica
P = Prothese/denture removable/appareil amovible/dentatura removible

Heil- und Kostenplan immer kostenlos

Heil- und Kostenpläne sind entgegen der Auffassung der klagenden Kassenzahnärztlichen Bundesvereinigung für die gesamte Behandlung kostenfrei zu erstellen. So urteilte das Landessozialgericht Nordrhein-Westfalen schon 1998. Dies folgt aus dem klaren Wortlaut der gesetzlichen Regelungen. Nach § 85 Abs. 2 Satz 13 SGB V sind beim Zahnersatz Vergütungen für die Aufstellung eines Heil- und Kostenplanes nicht zulässig, so das Gericht.

Das Gesetz hat damit zusätzlich unmittelbar auch für das Rechtsverhältnis zwischen Versicherten und Vertragszahnarzt geregelt, dass ein die gesamte Behandlung umfassender Heil- und Kostenplan kostenfrei zu erstellen ist. Anhaltspunkte dafür, dass der Zahnarzt einen Vergütungsanspruch hat, obgleich es nicht zur Behandlung gekommen ist, finden sich im Gesetzeswortlaut auch nicht ansatzweise. Der Zahnarzt hat gleichermaßen keinen Vergütungsanspruch für einen Heil- und Kostenplan, der nichtvertragliche Elemente enthält. Dies folgt gleichermaßen unmittelbar aus dem Wortlaut. Hat nämlich der Vertragszahnarzt einen Heil- und Kostenplan über die gesamte, das heißt vollständige

Behandlungsplanung zu erstellen, so sind damit naturgemäß und begrifflich eindeutig vertragliche und damit zusammenhängende außervertragliche Leistungsangebote gemeint (Landessozialgericht Nordrhein-Westfalen, Az.: L 11 B 32/98 KA).

Mehrkosten

Fallen andere Versorgungsformen als die Regelversorgung an, so ist dies für Sie als Patienten über Ihren Eigenanteil hinaus fast immer mit zusätzlichen Kosten verbunden. Auch früher gab es schon derartige Zuzahlungen beim Zahnersatz, nicht zu verwechseln mit dem Eigenanteil, der bis auf die Härtefälle beim Zahnersatz immer anfällt. Diese wurden über die »Mehrkostenvereinbarung« nach § 30, Abs. 1 und 3 des SGB V geregelt, orientierten sich an der Gebührenordnung für Zahnärzte (GOZ) und waren in der Höhe oft beim 2,3-fachen GOZ-Faktor begrenzt.

Achtung!

Nach den Festzuschussrichtlinien haben derartige Vereinbarungen ab 2005 keinen Bestand mehr.

Für die Planung und Abrechnung von Zahnersatz gelten nun ausschließlich die Paragraphen 55 und folgende für Zuzahlungen durch den Versicherten – eine »Mehrkostenvereinbarung« existiert beim Zahnersatz nicht mehr. Werden Mehrleistungen über die Regelversorgung hinaus erbracht, die eine Zuzahlung des Patienten auslösen, so gilt ab 2005 dafür nach § 87a SGB V ausschließlich die Gebührenordnung für Zahnärzte (GOZ), welche in der Spanne zwischen 2,3 und 3,5-fachem Satz eine schriftliche Begründung vorsieht; ebenfalls sind nach der GOZ auch so genannte »Freie Vereinbarungen« über die Mehrleistungen möglich. Vor einer derartigen Behandlung muss dies entsprechend schriftlich vereinbart werden.

Ihre Patientenaufklärung

Die Einführung der Festzuschüsse ändert nichts an der Aufklärungspflicht Ihnen gegenüber als Patienten. Darauf haben Sie Anspruch:

- Zahnmedizinisch-therapeutische Aufklärung über den vorliegenden Befund und die medizinische Begründung (Indikation) für eine Behandlung
- Aufklärung über mögliche Behandlungsalternativen (auch nicht kassenfinanzierte)
- Aufklärung über die voraussichtlichen Behandlungskosten

Wie ärztlich und juristisch vor jeder Behandlung gefordert, muss vor und mit ausreichendem Abstand zur Behandlung eine patientenverständliche Aufklärung erfolgen. Diese geschieht am besten für Sie als Patient anhand von Schaumodellen, geeigneten Abbildungen oder audiovisuellen Verfahren. Die Behandlungskosten können zwar nur grob vorausgeschätzt werden, sind aber unter diesem Vorbehalt Ihnen als Patienten verständlich darzulegen, besonders was die Höhe Ihres Eigenanteils angeht.

WISO rät

Ihnen als Patienten obliegt eine Nachfragepflicht, wenn Sie Dinge nicht verstanden oder nicht behalten haben. Ebenfalls muss Sie der Zahnarzt über mögliche Behandlungsalternativen im Rahmen der Schulmedizin unterrichten. Durch die neue Festzuschussregelung ist implantatgetragener Zahnersatz zu einer Regelalternative geworden, mit der Konsequenz, dass bei einer Zahnersatzplanung auf diese Variante hingewiesen werden muss – auch dann, wenn absehbar ist, dass der Patient die relativ hohen Kosten für das Implantat selbst nicht wird tragen können.

Überprüfung/Zusage der Krankenkasse

Vor Beginn der Behandlung muss der Plan der gesetzlichen Krankenversicherung vorgelegt werden, wollen Sie als der Versicherte nicht Ihren Anspruch auf den Festzuschuss aufs Spiel setzen. Im Gegensatz zu früher wird keine Wirtschaftlichkeit mehr überprüft, da nur der gesetzmäßige Anspruch auf die Regelversorgung gegeben ist und darüber hinausgehende Therapien (gleichwertiger beziehungsweise andersartiger Zahnersatz) Ihre Privatsache sind. Der Krankenkasse bleibt aber eine fachliche Begutachtung vorbehalten, ob überhaupt eine Versorgungsnotwendigkeit besteht, ob der angegebene Befund stimmt oder ob die geplante Therapie den Regeln der zahnmedizinischen Wissenschaft entspricht. Da sie dies nicht selbst durchführen kann, muss sie in Zweifelsfällen einen Gutachter einschalten. Gegen abweichende Entscheidungen dieses Gutachters gibt es ein gesetzlich festgelegtes Widerspruchsverfahren (siehe entsprechendes Kapitel unten).

Nach Auffassung des Medizinischen Dienstes der Krankenkassen (MDK) können sich folgende Probleme ergeben:

- Ist die Versorgung in der vorliegenden Form überhaupt notwendig/indiziert?
- Ist sie zweckmäßig?
- Ist der Befund korrekt?
- Ist die Regelversorgung »ausreichend«, oder hat sie der Zahnarzt auf einem unzureichenden Niveau angesetzt?

- Ist die geplante »gleichartige« Versorgung wissenschaftlich anerkannt und langfristig bewährt?
- Ist die Versorgung tatsächlich als »andersartig« einzustufen, oder handelt es sich um Regelleistungen?
- Lassen die medizinischen Gegebenheiten eine Regelversorgung anstelle einer »andersartigen« Versorgung zu?
- Auslandszahnersatz: Welche Befundsituation liegt vor, oder ist ein bereits eingegliederter Zahnersatz fachgerecht angefertigt?
- Handelt es sich um eine Erst- oder eine erneute Anfertigung von Zahnersatz auf Implantaten?
- Ist ein zahnloser Kiefer so zurückgebildet, dass er mit Implantaten und entsprechendem Zahnersatz versorgt werden muss?

Die von der Kasse bewilligte Form des Plans behält ihre Gültigkeit, wenn der Zahnersatz innerhalb von sechs Monaten eingegliedert wird. Andere Gültigkeitszeiträume werden von der Kasse entsprechend vermerkt.

Versorgung im europäischen Ausland

Gesetzlich Versicherte können auch Leistungserbringer in anderen Staaten in Anspruch nehmen (siehe Kapitel dazu). Voraussetzung: Sie liegen im Geltungsbereich des Vertrages zur Gründung der Europäischen Gemeinschaft und des Abkommens über den Europäischen Wirtschaftsraum. Leistungen in diesen Ländern werden jedoch nur im Wege der Kostenerstattung erbracht. Soweit gesetzlich Versicherte Zahnersatz nach einer anerkannten Methode im europäischem Ausland anfertigen lassen, besteht gegenüber der gesetzlichen Krankenkasse Anspruch auf Erstattung des im Inland geltenden befundbezogenen Festzuschusses abzüglich zusätzlicher Verwaltungskosten, von Zuzahlungen einschließlich der Praxisgebühr und von Abschlägen für fehlende Wirtschaftlichkeitsprüfungen, höchstens jedoch in Höhe der tatsächlich entstandenen Kosten. Über die rechtlichen Rahmenbedingungen für eine Versorgung Versicherter mit Zahnersatz im europäischen Ausland informiert die zuständige gesetzliche Krankenkasse. Auf jeden Fall ist vor einer Behandlung ein Heil- und Kostenplan der deutschen Krankenkasse vorzulegen.

Befunde und zugeordnete Regelversorgungen – Befundklassen

Ein gesetzlich vorgeschriebener Gemeinsamer Bundesausschuss – ein 21-köpfiges Gremium aus Ärzten, Zahnärzten, Klinik- und Krankenhausfunktionären und Patientenvertretern – hat in der Besetzung für die vertragszahnärztliche Versorgung in den Festzuschussrichtlinien unter anderem diejenigen Mundsituationen bei fehlenden Zähnen (= Befunde) festgelegt, bei welchen der Versicherte Anspruch auf einen Festzuschuss hat, falls eine Versorgungsnotwendigkeit besteht; diese Notwendigkeit kann die Kasse gegebenenfalls vor der Behandlung gutachterlich überprüfen lassen (vgl. die Auflistung im Anhang).

In den Beschreibungen zu den Befunden werden Zähne mit Zahlen aufgeführt – zum Beispiel »Zahn 45«. Hierbei handelt es sich um eine international übliche Bezeichnung aus dem so genannten Zahnschema; die Zahl »45« besagt danach, dass es sich um den unteren, rechten, zweiten kleinen Backenzahn handelt.

Zur besseren Übersicht wurden diese Befunde in acht so genannte Befundklassen eingeteilt; weitere Unterteilungen dieser Klassen gehen stärker ins Detail. Das Gremium hat in den einzelnen Klassen die typischen Versorgungsformen unter den Wirtschaftlichkeitskriterien einer gesetzlichen Krankenversicherung festgelegt und deren statistische Kosten – einschließlich der Material- und Laborkosten – präzisiert. Auf dieser Grundlage beruhen die Festzuschüsse, welche 50 Prozent der Kosten einer Versorgungsform betragen. In Abweichung von sonst üblicher Vorgehensweise wird der Zuschuss in Euro und Cent ausgewiesen und ist für das gesamte Bundesgebiet gültig. Anpassungen an die jährlich sich verändernde wirtschaftliche Situation und wissenschaftliche Entwicklungen sollen erfolgen. Erfahrungen haben bisher bei diesen wissenschaftlichen und betriebswirtschaftlichen Notwendigkeiten ein eher zögerliches Verhalten gezeigt. Die typischen Versorgungsformen – so genannte Regelversorgungen – schließen die Befunderhebung, die Planung, die Vorbereitung des Restgebisses, die Beseitigung von groben Okklusionshindernissen und alle Maßnahmen zur Herstellung und Eingliederung des Zahnersatzes einschließlich der Nachbehandlung sowie die Unterweisung im Gebrauch des Zahnersatzes mit ein.

Zu den acht Befundklassen gehören jeweils verschiedene einzelne Befunde, aus denen sich ergibt, welche Festzuschussansprüche Ihnen als Versicherten zustehen. Den Beschreibungen der einzelnen Befunde ist zu entnehmen, unter welchen Voraussetzungen Leistungsansprüche bestehen und welche Festzuschüsse kombiniert mit anderen (»Kombinierbarkeit der Befunde») angesetzt werden können. Aufgrund der zahnärztlichen Untersuchung werden diese vom Zahnarzt festgestellt und gegebenenfalls durch die Krankenkasse gutachterlich überprüft.

Verblendgrenzen

Kann ein beschädigter Zahn nur noch mit einer Krone erhalten werden, so ist es von der Funktion her völlig ausreichend, wenn die Krone aus Metall besteht. Allerdings entspricht es in unserer Gesellschaft nicht mehr dem »Schönheitsideal«, wenn im sichtbaren Bereich Metall oder gar Gold zu sehen ist. Das war früher auch in unserer Gesellschaft anders und gilt heute auch noch in anderen Ländern als Zeichen des Wohlstands. Nach dem Wirtschaftlichkeitsgebot der Krankenkassen kann es aber nicht sein, dass jeder Zahn mit einer zahnfarbenen Schicht (= Verblendung) an der Außenseite (vestibulär) versehen wird. Deshalb wurden so genannte Verblendgrenzen eingeführt, die nach den Richtlinien derart definiert sind, dass im Oberkiefer die Frontzähne und die kleinen Backenzähne, im Unterkiefer ebenfalls die Frontzähne, aber nur noch die vorderen kleinen Backenzähne als »verblendnotwendig« angesehen werden. Nach dem Zahnschema sind dies die Zähne 15 bis 25 und 34 bis 44. Im Bereich der Frontzähne (Zähne 1, 2, 3) umfasst die vestibuläre Verblendung auch die Schneidekanten. Vollverblendete Zahnkronen – also auch die Kaufläche und »Innenseiten« der Krone – gehören auch innerhalb der Verblendgrenzen nicht zur Regelversorgung, sondern gelten generell als gleichartiger selbst zu zahlender Zahnersatz.

Wenn auch nicht im Gesetzestext beschrieben, so ändern sich die Verblendgrenzen dann, wenn zum Beispiel ein Zahn gezogen wurde, der innerhalb der Verblendgrenze lag, und nun ein nachfolgender Zahn in diese Lücke aufgewandert ist (= Lückenschluss). An anderer Stelle ist vermerkt, dass immer die topographische Lage (die tatsächliche Lage im Kiefer) zählt.

Dazu ein Beispiel: Der erste kleine Backenzahn (14) wurde aus kieferorthopädischen Gründen (zum Beispiel Engstand) entfernt. Die nachfolgenden Zähne sind nun in die Lücke aufgerückt, das heißt, Zahn 15 steht jetzt an Stelle von 14, und Zahn 16 – dieser liegt normal außerhalb der Verblendgrenze – steht nun im Gebiet von 15, somit innerhalb der Verblendgrenze und löst dann einen Zuschlag für die Verblendung aus. Umgekehrt gilt Gleiches, sodass ein nach distal gewanderter Zahn 15 (steht bei einem fehlenden Zahn 16 an dessen Stelle) nicht mehr zum Verblendbereich gehört. Vollverblendungen aus Komposit oder Kunststoff lösen keine Festzuschüsse aus; Ausnahme: Sekundärteleskope.

Festzuschüsse

So werden seit 2005 die Vergütungen in der gesetzlichen Krankenversicherung bei der Anfertigung/Reparatur von Zahnersatz genannt. Der Patient erhält für eine definierte zahnärztliche Leistung, etwa den Ersatz von vier fehlenden Zähnen, einen »festen Zuschuss«, den Restbetrag muss er – je nach Ausführung (herausnehmbar, festsitzend, Keramik, Implantat oder anderes) – selbst tragen. Zuschüsse für Zahnersatz wurden in 1998 gesetzlich vorgeschrieben, durch die rot-grüne Koalition danach wieder abgeschafft, sind aber als befundorientierte Festzuschüsse ab 2005 wieder Gesetz. Vom Wesen her werden zwei Formen unterschieden:

Befundorientierte Festzuschüsse gehen von dem jeweiligen Befund aus (Beispiel: fehlender Zahn) und gelten im Gegensatz zur sonst üblichen Sachleistung als Geldleistung. Unabhängig davon, ob sich der Patient für eine medizinisch anerkannte, preiswerte oder aufwändige Lösung entscheidet, erhält er immer den befundorientierten Festzuschuss, der regelmäßig eine Grundversorgung abdeckt. Versorgungen, die darüber hinausgehen und meist eher einer Behandlungsoptimierung oder dem Komfort oder der Kosmetik dienen, müssen deshalb von den Patienten bezahlt werden. Der Gemeinsame Bundesausschuss hat sich im Juni 2004 auf 52 Regelversorgungen (vgl. die Auflistung im Anhang) für alle Befunde innerhalb der Mundhöhle oder am Zahnersatz selbst geeinigt und diese als Grundlage für die Bezuschussung für Zahnersatz in 2005 gemacht. Die Hälfte dieser Regelversorgungen bezieht sich allein auf Reparaturen und Erweiterungen von bestehendem Zahnersatz; Härtefälle werden zu 100 Prozent (= doppelter Festzuschuss) übernommen.

Höhere Festzuschüsse bei Härtefall

Werden Sie durch die Eigenbeteiligung am Zahnersatz unzumutbar belastet, übernimmt Ihre Kasse 100 Prozent der Kosten, sofern Sie sich für eine Regelversorgung entscheiden. Der Zahnersatz wird zunächst mit dem doppelten Festzuschuss bewilligt, da zu diesem Zeitpunkt noch nicht feststeht, wie hoch die tatsächlichen Kosten sind. Für eventuelle Mehrleistungen, wie zum Beispiel höherwertige Legierungen aus Edelmetall, tragen Sie die Kosten selbst. Wählen Sie Zahnersatz, der von der Regelversorgung abweicht oder darüber hinausgeht, erhalten Sie von der Kasse den doppelten Festzuschuss der entsprechenden Regelversorgung. Die verbleibenden Mehrkosten tragen Sie dann allein.

Eine unzumutbare Belastung liegt vor, wenn Ihr monatliches (Familien-) Bruttoeinkommen unter einer bestimmten Grenze liegt (2005: Alleinstehende 966 Euro, mit einem Angehörigen 1 328,25 Euro; jeder weitere Angehörige zusätzliche 241,50 Euro).

Wenn eine vollständige Kostenübernahme nicht möglich ist, weil Ihr Einkommen über der Grenze liegt, kann dennoch eine weitere Kostenbeteiligung Ihrer Kasse für Sie in Betracht kommen. Die Höhe dieser zusätzlichen Beteiligung richtet sich nach Ihrer so genannten individuellen Belastungsgrenze. Diese besondere Regelung ist vor allem dann für Sie interessant, wenn Sie die Grenze für eine unzumutbare Belastung nur knapp überschreiten.

Die weitere Kostenbeteiligung errechnet sich so: Der Unterschiedsbetrag zwischen Ihren monatlichen Bruttoeinkünften und der für Sie geltenden Einkommensgrenze für eine vollständige Befreiung multipliziert mit drei ergibt Ihre individuelle Belastungsgrenze. Den Differenzbetrag zwischen einfachem Festzuschuss (ohne Bonusanrechnung) und Ihrer individuellen Belastungsgrenze erhalten Sie zusätzlich von Ihrer Kasse. Dabei ist der doppelte Festzuschuss als maximaler Kassenanteil festgelegt. Es werden jedoch nicht mehr als die tatsächlich entstandenen Kosten übernommen.

Beispielrechnung für Härtefall

Alleinstehender ohne Kinder mit einem monatlichen Bruttoeinkommen von	1 300 EUR
Einkommensgrenze 2005	966 EUR
Differenz	334 EUR
Multipliziert mit 3 = individuelle Belastungsgrenze	1 002 EUR
Die Kosten für den Zahnersatz betragen (Regelleistung)	*3 300 EUR*
Die Kasse zahlt dafür einen Festzuschuss von (der einfache Festzuschuss beträgt 1 650 EUR + 30 Prozent, da Bonus 10-jährig erfüllt)	2 145 EUR
Der einfache Festzuschuss von	1 650 EUR
Vermindert um die individuelle Belastungsgrenze von	1 002 EUR
Ergibt einen Zuschuss von	648 EUR
Insgesamt übernimmt die Kasse für den Zahnersatz (2 145 EUR + 648 EUR)	*2 793 EUR*

WISO rät

Ob eine weitere Kostenbeteiligung möglich ist, kann von Ihrer Kasse erst dann verbindlich beurteilt werden, wenn die Rechnung für Ihren Zahnersatz vorliegt. Bitte reichen Sie der Kasse dafür Ihre gesamten Rechnungsunterlagen ein.

Weiterhin von Bedeutung: Das Bonusheft

Es gibt zwei Gründe, warum dem gesetzlich versicherten Patienten das braun-weiße »Bonusheft« nicht egal sein sollte: Einerseits erinnert es daran, dass jeder regelmäßig mindestens einmal jährlich für die Gesunderhaltung seiner Zähne zum Zahnarzt gehen sollte. Zur »Prophylaxe«, also zur Vorbeugung von Mund- und Zahnerkrankungen, gehört nun mal auch der regelmäßige Kontrolltermin beim Zahnarzt. Andererseits hilft das Bonusheft beim Geldsparen für die Behandlung.

Heute dürfte es eher die Ausnahme sein, dass ein Mitglied einer gesetzlichen Krankenversicherung noch nichts vom Bonusheft gehört haben sollte. Denn schon seit 1989 ist dieses Nachweisheft für regelmäßigen Zahnarztbesuch durch das so genannte »Gesundheitsreform-Gesetz« eingeführt. Wer dennoch »ohne« ist, sollte unbedingt beim nächsten Praxisbesuch seinen Zahnarzt darauf ansprechen. Jedes Mitglied einer gesetzlichen Krankenversicherung – und auch die mitversicherten Familienangehörigen, zum Beispiel Kinder und Jugendliche – sollte ein Bonusheft haben. Es ist nicht größer als ein Personalausweis und passt in jedes Portemonnaie oder in die Brieftasche.

Mit »Bonus« mehr Geld von der Krankenkasse

Nein, niemand muss ein Bonusheft führen, aber jedes Mitglied einer gesetzlichen Krankenkasse hat einen Anspruch darauf. Ein regelmäßig geführtes Bonusheft ist bares Geld wert. Das macht sich dann bemerkbar, wenn Zahnersatz – eine Krone, eine Brücke oder herausnehmbare Prothese – notwendig wird. Wer sorgfältige Mundhygiene betreibt und sich regelmäßig vom Zahnarzt und seinem Team im Rahmen der Individualprophylaxe betreuen lässt, für den ist Zahnersatz vielleicht nie ein Thema. Aber Hand aufs Herz: Wer kann schon von sich sagen, dass er in Sachen

Mundhygiene wirklich immer alles richtig macht? Manche Menschen haben aus verschiedenen Gründen Probleme mit sorgfältiger Mundhygiene, andere vernachlässigen bei Lebenskrisen für eine Zeit lang das Zähneputzen. Und nicht jeder hat in seiner Kindheit und Jugend richtiges Zähneputzen gelernt und verinnerlicht: Vor allem die heute Erwachsenen haben gegenüber den Kindern und Jugendlichen durchaus häufiger deutliche Defizite. Bei ihnen sind Zahnschäden leider noch nicht die Ausnahme, und Zahnersatz ist oft die letzte Rettung, um weiterhin gut kauen, verständlich reden und attraktiv lachen zu können.

Die heutige Generation der Kinder und Jugendlichen ist besser dran: Sie haben von klein auf gelernt, dass ihre Zähne Pflege brauchen und wie man das am besten macht – deswegen ist im Durchschnitt die Zahngesundheit der Kinder und Jugendlichen heute auch weitaus besser als die der Erwachsenen. Das ist der beste Beweis, dass sich der kleine Aufwand für die Mundhygiene mit großen Erfolgen bezahlt macht. Das Bonusheft soll jeden Einzelnen dazu anhalten, regelmäßig zur Kontrolle beim Zahnarzt vorbeizuschauen. Regelmäßige Kontrolle – das bedeutet, dass erste leichtere Erkrankungen des Zahnes früh erkannt und dementsprechend mit relativ geringem Aufwand behandelt werden können. Das nützt nicht nur den Patienten, sondern auch der Krankenkasse, denn dadurch spart sie umfangreichere Behandlungskosten.

Sollte dennoch ein Zahn oder gar mehrere durch Zahnersatz – Brücke, Prothese, Krone – ersetzt werden müssen, dann belohnt die Krankenkasse die Tatsache, dass man regelmäßig die Kontrolltermine wahrgenommen hat, mit einem höheren Zuschuss.

Und so funktioniert das Bonusheft

Nach der Rechtslage bekommt der Patient mit – regelmäßig geführtem – Bonusheft zum normalen Zuschuss seiner Krankenkasse einen Extra-Zuschuss (Bonus). Nur gelegentliches Kontrollieren reicht aber nicht. Erst wenn regelmäßige Untersuchungen beim Zahnarzt über einen Zeitraum von fünf Jahren lückenlos nachgewiesen werden, erhöht sich der Festzuschuss zum Zahnersatz, und zwar um 20 Prozent. Können diese Kontrolluntersuchungen sogar über einen Zeitraum von zehn Jahren nachgewiesen werden, wird der Zuschuss der Krankenkasse um insgesamt 30 Prozent erhöht.

Patienten, die älter als 18 Jahre sind, sollen nach der Bonusregelung wenigstens einmal in jedem Jahr zu einer Untersuchung beim Zahnarzt gewesen sein. Für Kinder ab dem 6. Lebensjahr und Jugendliche bis zum 18. Lebensjahr gibt es ein spezielles Vorsorgeprogramm, das unterschiedliche Aktivitäten zur Verhütung von Zahnerkrankungen beinhaltet. Dieses Spezialprogramm heißt abgekürzt »IP-Programm« (IP = Individualprophylaxe) und erfordert von den Kindern und Jugendlichen zweimal im Jahr einen Besuch beim Zahnarzt. Die Untersuchung beziehungsweise die Prophylaxemaßnahme ist an einen festgelegten Zeitrhythmus gebunden. Näheres sagt Ihnen Ihr Zahnarzt. Die Kosten für diese Vorsorgebehandlungen nach dem IP-Programm werden von der Krankenkasse übernommen. Im Bonusheft kreuzt der Zahnarzt entweder die »zahnärztliche Untersuchung« eines Erwachsenen oder die »Individualprophylaxe« bei einem Kind oder Jugendlichen an. Der Tag der Untersuchung beziehungsweise IP-Behandlung wird festgehalten und mit einem Stempel des Zahnarztes bestätigt.

Was tun, wenn der Stempel fehlt?

Wenn der Nachweis der regelmäßigen Untersuchungen im Bonusheft (bei Erwachsenen ein Stempel pro Jahr und bei Kindern und Jugendlichen zwei Stempel pro Jahr) fehlt, sollten Sie Ihren Zahnarzt bitten, den Stempel nachzutragen. In dem Fall sollten Sie nicht zu lange warten, um den Zahnarztbesuch nachtragen zu lassen. Voraussetzung für das »Nachstempeln« ist allerdings, dass man im fraglichen Zeitraum die Untersuchung (Erwachsener) beziehungsweise die Prophylaxemaßnahmen (Kinder, Jugendliche) hat durchführen lassen, was in der Patientenkartei dokumentiert ist.

WISO rät

Es ist Ihre Aufgabe, an einen Eintrag ins Bonusheft zu denken. Wer die vorgeschriebenen Termine nicht wahrgenommen hat, kann auf die Vorteile des Bonusheftes nicht zurückgreifen, die Bonusregelung gilt nicht mehr. Dann muss man sozusagen von vorne anfangen und fünf Jahre lang warten und regelmäßig die Zahnarzttermine einhalten, bis man wieder Anspruch auf die Bonus-Zuschüsse hat.

Was tun, wenn das Bonusheft nicht auffindbar ist?

Wenn das eigene Bonusheft oder das der Kinder verloren gegangen ist, hilft der Zahnarzt weiter – er kann ein neues Heft ausfüllen. Anhand der Patientenkartei ist ja nachvollziehbar, wann wer bei ihm zur Untersuchung oder Prophylaxebehandlung war. Das ist natürlich eine etwas aufwändige Aktion und sollte die Ausnahme bleiben. Am besten hat das Bonusheft zu Hause einen festen Platz oder gehört zum Inventar der Brieftasche. Steht ein Zahnarztwechsel an, verliert das Bonusheft natürlich nicht seine Gültigkeit. Der neue Zahnarzt kann die notwendigen Einträge fortsetzen, oder er stellt dem neuen Patienten ein weiteres Bonusheft aus. In diesem Fall darf das »alte« Bonusheft nicht in den Papierkorb wandern. Es ist zusammen mit dem zweiten Heft bei einer vorgesehenen prothetischen Behandlung der Krankenkasse vorzulegen.

WISO rät

Machen Sie Kopien vom Bonusheft. Wenn es verloren geht, der Zahnarzt schließt oder Sie die Kasse wechseln: Niemand außer Ihnen hat einen Nachweis über Vorsorgeuntersuchungen archiviert oder im Computer. Das Bonusheft ist der einzige Nachweis!

Begrifflichkeiten: Die »Regel- oder Nichtregelversorgung«

Sie als Patient haben die Möglichkeit, eine andere, weitergehende Therapie zu wählen als die so genannte *Regelversorgung*. Der Festzuschuss geht dadurch nicht verloren. Der Zahnarzt und die Kasse unterscheiden zwischen gleichartigem und andersartigem Zahnersatz: Von gleichartigem Zahnersatz wird gesprochen, wenn zu der Regelversorgung noch *zusätzliche Leistungen* hinzukommen. Von andersartigem Zahnersatz wird gesprochen, wenn der Patient sich für eine Therapie entscheidet, die sich komplett von der Regelversorgung unterscheidet.

Ein Beispiel: Der Zahn 15 (zweiter kleiner Backenzahn im rechten Oberkiefer) fehlt. Die Regelversorgung bei diesem Befund ist hier eine Brücke. Die Hälfte der durchschnittlichen Kosten für diesen Zahnersatz erhält der Patient als Festzuschuss. Wünscht er aus ästhetischen Gründen eine keramische Vollverblendung seiner Brücke, also *gleichartigen* Zahnersatz, so trägt er die Kosten für diese Zusatzleistung selbst. Diese berechnen sich nach der privaten Gebührenordnung für Zahnärzte, der GOZ. Entscheidet der Patient sich anstelle der Brücke für eine Implantatkonstruktion oder eine Modellgussprothese, also *andersartigen* Zahnersatz, so erhält er von der Krankenkasse den Festzuschuss erstattet. Der Zahnarzt rechnet diesen Zahnersatz als Privatleistung mit dem Patienten ab.

Bei der Regelversorgung handelt sich um eine eher politische Definition nach dem Gesundheitsmodernisierungsgesetz (GMG) ohne eigentliche medizinische Basis. Sie wurde für jeden zahnärztlichen Befund – zum Beispiel »tief zerstörter, aber erhaltungswürdiger Zahn« – von einem Entscheidungsgremium auf Bundesebene festgelegt und beschreibt eine zahnärztliche Therapie unter den wirtschaftlichen Gegebenheiten der finanziell klammen gesetzlichen Krankenversicherung. Die Zahlen beruhen auf statistischen Abrechnungswerten der letzten Jahre. Diese Definition ist als ein Kompromiss zwischen dem medizinisch Machbaren und dem kassenmäßig Bezahlbaren definiert und entspricht im Wesentlichen den Vertragsleistungen bis Ende 2004.

Der Festzuschuss deckt 50 Prozent der statistischen Kosten für diese so definierte Regelversorgung ab. »Statistische Kosten« deshalb, weil im Einzelfall die Kosten davon abweichen können.

Gleichartiger Zahnersatz

Es handelt sich ebenfalls wie auch beim »andersartigen Zahnersatz« um eine Wortschöpfung. Bezug genommen wird dabei auf das Sozialgesetzbuch V, worin es in § 55 Abs. 4 zu diesem Ausdruck heißt: »(4) Wählen Versicherte einen über die Regelversorgung gemäß § 56 Abs. 2 hinausgehenden gleichartigen Zahnersatz, haben sie die Mehrkosten gegenüber den in § 56 Abs. 2 Satz 10 aufgelisteten Leistungen selbst zu tragen.«

Vereinfacht bedeutet dies: Als Grundleistung wird eine Regelversorgung erbracht, es kommen aber weitere Leistungen hinzu. Typisches Beispiel dafür ist die Krone auf dem oberen ersten großen Backenzahn: Die Regelversorgung sieht dafür eine Metallkrone (Vollgusskrone) vor. Wird diese nun mit einer weißen Schicht zahnfarben verblendet (Verblendkrone; für diesen Zahn außerhalb der Regelversorgung), so gilt diese »weiße Krone« als Zusatzleistung auf dem Boden einer Regelversorgung und deshalb als »gleichartiger Zahnersatz«. Der Versicherte erhält dafür den »Festzuschuss Metallkrone« von seiner Kasse und trägt die anfallenden Mehrkosten.

Achtung!

Diese »Mehrkosten« werden nicht nach dem BEMA, sondern nach der privaten Gebührenordnung (GOZ) dem Versicherten in Rechnung gestellt.

Der Festzuschuss wird wie üblich über die KZV zwischen Zahnarztpraxis und Kostenträger abgerechnet. Entsprechend können die zusätzlich anfallenden zahntechnischen Leistungen nicht nach dem Bundeseinheitlichen Verzeichnis zahntechnischer Leistungen (BEL), sondern nach der privaten Bundeseinheitlichen Benennungsliste (BEB) abgerechnet werden. Nach Ansicht der Kassenzahnärztlichen Bundesvereinigung (KZBV) ist eine Faktorenbegrenzung nach der GOZ (2,3- beziehungsweise 3,5-fach) aufgrund des § 87a SGB V entfallen. Die Regelversorgung kennt keine zahnfarbene Verblendung der gesamten Krone (»Vollverblendung«, Verblendgrenzen), sondern nur eine zahnfarbene Schicht auf der nach außen sichtbaren Seite eines zu überkronenden Zahnes. Deshalb löst diese Vollverblendung (in der Regel mit keramischen Massen) einen »gleichartigen« Zahnersatz aus. Ebenso gelten verblendete Kronen (teil- oder vollverblendet) außerhalb des Verblendbereichs gemäß den Zahnersatzrichtlinien und vollkeramische Voll- und Teilkronen als gleichartige Versorgung.

Andersartiger Zahnersatz

Ein andersartiger Zahnersatz nach § 55 Abs. 5 Sozialgesetzbuch V liegt dann vor, wenn dieser die für den jeweiligen Befund festgelegte Regelversorgung *nicht beinhaltet.* Fälle, die sowohl eine gleich- wie eine andersartige Versorgung beinhalten – dies ist meist bei umfangreicheren Versorgungen der Fall –, gelten insgesamt als andersartige Versorgungen – diese Definition ist noch umstritten (»Mischfälle«), hier werden Überlegungen nach dem prozentualen Verhältnis der beiden Versorgungsformen angestellt. Bei Implantatversorgungen gelten die Suprakonstruktionen immer als andersartig.

Ein Beispiel: Es bestehen mehrere Zahnlücken in einem Kiefer, die Regelversorgung sieht dafür eine (herausnehmbare) Modellgussprothese vor. Der Patient wünscht aber eine (festsitzende) Brücke. Der Zahnersatz (die Brücke) gilt nun als »andersartiger Zahnersatz«; der Patient erhält eine Rechnung nach der privaten Gebührenordnung (GOZ), welche er direkt an die Zahnarztpraxis bezahlt – er ist im Prinzip ein Privatpatient, aber nur für die Anfertigung dieses Zahnersatzes. Entsprechend werden die entstandenen zahntechnischen Leistungen nicht nach dem Bundeseinheitlichen Verzeichnis zahntechnischer Leistungen (BEL), sondern nach der (privaten) Bundeseinheitlichen Benennungsliste (BEB) abgerechnet (siehe unten) – allerdings bleibt es in diesen Fällen dem Labor freigestellt, nach welcher Liste es die Rechnung stellt. Aufgrund der Rechnung erhält der Patient von seiner Kasse einen Zuschuss im Rahmen der Kostenerstattung in Höhe der Regelversorgung für eine Modellgussprothese. Die Kassenzahnärztliche Vereinigung (KZV) wird nicht eingeschaltet. Diese Art der Kostenerstattung bei den Festzuschüssen (nach § 55 SGB V) gilt nur für Zahnersatz und ist grundsätzlich von der anderen (»klassischen«) Kostenerstattung nach § 13 Abs. 2 SGB V zu trennen.

Bei gleichartigem oder andersartigem Zahnersatz ist der Zahntechniker hinsichtlich der über die Regelversorgung hinausgehenden Leistungen nicht an das BEL II gebunden. Zahnarzt und Zahntechniker müssen hierzu Preise gesondert vereinbaren. Dafür können BEB, BEL II oder andere Vereinbarungen herangezogen werden. Für alle drei Kategorien von Zahnersatz gilt: Eine ordnungsgemäße Rechnungslegung beinhaltet die Verpflichtung, die Laborrechnung in nachvollziehbarer und nachprüfbarer Form zu erstellen.

Private Vereinbarungen

Es können kraft Gesetz auch noch völlig »private Vereinbarungen« mit dem Zahnarzt getroffen werden: »Eine private Vereinbarung nach § 4 BMV-Z/§ 8 EKV (ab 1.1.2005 § 7 Abs. 7 Ersatzkassenvertrag) ist vor Beginn der Behandlung schriftlich zwischen dem Vertragszahnarzt und dem Berechtigten zu treffen. Der Zahnarzt soll sich den Wunsch des Berechtigten, die Behandlung auf eigene Kosten durchführen zu lassen, schriftlich bestätigen lassen.«

Werden solche Vereinbarungen geschlossen, deren Gegenstand Regelversorgung, gleichartiger oder andersartiger Zahnersatz sind, läuft der Versicherte einer gesetzlichen Krankenkasse Gefahr, seine Festzuschussansprüche zu verlieren, wenn der vereinbarte Heil- und Kostenplan nicht verwendet wird und der Krankenkasse damit nicht die Gelegenheit gegeben wird, vor Beginn der Behandlung eine Bewilligung auszusprechen.

Begleitleistungen

Man versteht darunter zahnärztliche Behandlungen, die mit der eigentlichen Zahnersatzversorgung nichts zu tun haben, ohne die aber die Grundbehandlung nicht, fachlich nicht korrekt, für den Patienten unzumutbar oder nur erschwert möglich ist. Hierzu zählen besonders Lokalanästhesien, also Betäubungen, Röntgenaufnahmen, parodontologische und konservierende Behandlungen. In der gesetzlichen Krankenversicherung zählen derartige Tätigkeiten zu den Sachleistungen. Bei der Festzuschussregelung wird unterschieden, ob diese Leistungen im Zusammenhang mit der Regelversorgung oder im Zusammenhang mit andersartigem/gleichwertigem Zahnersatz erbracht werden. Es gilt: Im Rahmen der Regelversorgung werden diese über die Chipkarte und auch ohne Zuzahlung durch Sie als Versicherten abgerechnet.

Nach den Beschlüssen des Gemeinsamen Bundesausschusses vom 3. November 2004 gilt: Begleitleistungen wie Anästhesien, Röntgenaufnahmen, parodontologische und konservierende Leistungen, die bei Versorgungen gemäß § 56 Abs. 2 SGB V erbracht werden, sind als vertragszahnärztliche Leistungen abzurechnen. Dies gilt auch in Fällen, in denen Versicherte eine Versorgung nach § 55 Abs. 4 (gleichartig) und Abs. 5 SGB V (andersartig) wählen.

Werden aber bei der Behandlung mit gleichwertigem beziehungsweise andersartigem Zahnersatz Begleitleistungen erbracht, die ausschließlich durch die Gleichartigkeit beziehungsweise Andersartigkeit des Zahnersatzes bedingt sind, so können sie nicht über die Krankenversichertenkarte abgerechnet werden, sondern sind dem Patienten nach der GOZ (privat) in Rechnung zu stellen; gleiches gilt für »private Vereinbarungen«. Inwieweit diese Kosten im Rahmen der Kostenerstattung (wenigstens zum Teil) durch die Kasse erstattet werden, ist bisher nicht endgültig entschieden; ein Nachfragen bei der Kasse sollte immer im konkreten Fall erfolgen.

Vergütung zahntechnischer Leistungen (»Laborkosten«)

Zahnersatzbehandlungen sind immer auch mit Tätigkeiten außerhalb der Zahnarztpraxis verbunden. Es fallen erhebliche Fremdkosten an, die vom Zahnarzt abgerechnet werden. Dies sind einmal Materialkosten, welche zum Beispiel nicht unerheblich bei der Abdrucknahme durch Einsatz eines entsprechenden Abdruckmaterials anfallen. Den Hauptanteil haben aber die zahntechnischen Kosten in einem zahntechnischen Labor (Dentallabor, Praxislabor) – hier wird der eigentliche Zahnersatz individuell angefertigt. Vorfabrizierte Teile, die in anderen Gesundheitsbereichen üblicherweise zur Kostensenkung führen, können hierbei kaum eingesetzt werden. Weiter entstehen besonders bei festsitzendem Zahnersatz nicht unerhebliche Kosten durch das eingesetzte Edelmetall – die amtliche Festlegung der Festzuschüsse geht von edelmetallfreien Legierungen (NEM) aus. In Deutschland kennt man zwei »Preislisten« bei Laboratorien: Das für gesetzlich Versicherte gültige Bundeseinheitliche Verzeichnis zahntechnischer Leistungen (BEL) und die Bundeseinheitliche Benennungsliste (BEB). Beide Listen sind Höchstpreislisten – die örtliche Konkurrenzsituation kann niedrigere Preise bedingen.

WISO rät

Die Preise der gewerblichen Labors dürfen ab 1. Januar 2005 den Bundesdurchschnitt nur noch um maximal 5 Prozent unter- oder überschreiten. Da die Festzuschüsse bei identischen Leistungen überall gleich hoch sind, wird es in den Eigenanteilsrechnungen der Patienten auch regionale Unterschiede geben. Darüber hinaus werden die Praxislaborpreise gegenüber den Preisen für gewerbliche Labors um 5 Prozent reduziert.

Edelmetallkosten

Die Berechnung der Festzuschüsse erfolgt grundsätzlich auf der Basis von (preiswerten) edelmetallfreien Legierungen – so genannten NEM-Legierungen. Derartige Verbindungen sind nach Ansicht der Wissenschaft praxiserprobt und unterliegen dem qualitätsbezeichnenden Medizinproduktegesetz. Hierzu bemerkt der Gemeinsame Bundesausschuss in den Zahnersatzrichtlinien 2004: »Es dürfen nur solche Werkstoffe verwendet werden, die den Anforderungen des Medizinproduktegesetzes entsprechen. Bei nachgewiesener Allergie gegen einen Werkstoff ist ein als verträglich ermittelter Werkstoff zu wählen. Der Nachweis einer Allergie ist gemäß den Kriterien der Kontaktallergiegruppe der Deutschen Gesellschaft für Dermatologie zu erbringen. Die Erprobung von Werkstoffen auf Kosten der Krankenkassen ist unzulässig. Bei der Auswahl der Dentallegierungen im Rahmen der vertragszahnärztlichen Versorgung soll beachtet werden, dass Nichtedelmetall- und NEM-Legierungen ausreichend, zweckmäßig und wirtschaftlich sein können.« Wünscht der Versicherte aus Gründen der Optimierung einer biologischen Verträglichkeit goldhaltige Legierungen (je nach Gehalt zwischen 20 und 25 Euro pro Gramm Zusatzkosten, siehe unten), so sind die entstehenden Mehrkosten selbst zu tragen (Beachtung beim Härtefall). Der Einsatz einer edelmetallhaltigen Legierung ändert allein nichts daran, dass der daraus resultierende Zahnersatz als Regelversorgung betrachtet wird.

NEM-Legierungen sind vom Material mit geringen Mehrkosten verbunden. Die Verarbeitung ist aber aufwändiger als bei einer edelmetallhaltigen Legierung. Deshalb wurde in die Festzuschüsse ein Betrag von 10 Euro pro Einheit (ohne Mehrwertsteuer) als Verarbeitungsaufwand mit eingerechnet. Unter »Einheit« versteht das Labor »eine Krone« oder »ein Brückenzwischenglied« – das Gewicht spielt dabei keine Rolle. Goldhaltige Legierungen gibt es zu Hunderten auf dem Markt. Dabei schwankt der Edelmetallwert – je nach verarbeitetem Produkt und dessen Gehalt an »echtem« Edelmetall – erheblich; zusätzlich ist der Preis für Edelmetalle (Gold, Platin und so weiter) dem freien Markt unterworfen. Auch hier können Tagesschwankungen auftreten. Bei hochgoldhaltigen Legierungen lag im Jahr 2005 der Grammpreis bei durchschnittlich etwa 25 Euro (mit Mehrwertsteuer). Vom Gewicht her ist eine Krone – je nachdem in welchem Kieferbereich sie eingesetzt wird – unterschiedlich schwer. Richtwerte für verblendete Frontzähne können 1 bis 2 Gramm und für Backenzähne (unverblendet) 4 bis 6 Gramm sein. Bei einer einzelnen 5 Gramm schweren Backenzahnkrone fällt so bei NEM-Legierungen ein Zuschlag von 10 Euro an. Ist die gleiche Krone aus einer hochgoldhaltigen Legierung, so entstehen allein 125 Euro an Edelmetallkosten. Der Verzicht auf eine hochgoldhaltige Legierung spart so schon bei einer einzigen Krone circa 115 Euro an selbst zu tragenden Kosten ein.

Zahlungswege beim Zahnarzt

Für viele Patienten stellen sich schon vor der Behandlung wichtige Fragen: »Muss ich die Behandlungskosten vorab selbst bezahlen, geht das über die Krankenversicherungskarte, bekomme ich einen Zuschuss von meiner Kasse und wenn ja, wie viel?« Diese Fragen sind verständlich, denn in der Tat gibt es unterschiedliche Möglichkeiten und gesetzliche Regelungen für die Bezahlung einer Zahnbehandlung. Die wichtigsten Stichworte dazu:

Krankenversichertenkarte (»Chipkarte«)

Die Krankenversichertenkarte ist der Mitgliedsausweis einer gesetzlichen Krankenversicherung und bestätigt dem Arzt oder Zahnarzt, dass die Krankenkasse die Behandlungskosten für dieses Mitglied bezahlt. Der Zahlungsweg über die Chipkarte hat für die Patienten Vor- und Nachteile. Der Vorteil: Die Chipkarte wird ins EDV-Gerät eingelesen, und der Patient muss sich eigentlich um nichts mehr kümmern, die Abrechnung seiner Behandlung erfolgt automatisch. Der Nachteil dabei: Der Patient erfährt nicht, was die Behandlung gekostet hat. Mit der Konsequenz, dass manche Patienten die unrealistischsten Vorstellungen über Behandlungskosten haben und keine Transparenz über die Kosten entsteht.

So läuft die Abrechnung mit der Chipkarte ab

Der Zahnarzt hält alle Abrechnungsdaten – gebündelt über einen bestimmten Zeitraum – elektronisch fest und schickt sie an seine Zentrale, die Kassenzahnärztliche Vereinigung (KZV). Dort wird eine Gesamtabrechnung für alle Zahnärzte erstellt, meistens nach jedem Vierteljahr, und nach Krankenkassen sortiert. Jede Krankenkasse bekommt dann die für ihre Mitglieder abgerechneten Behandlungskosten übermittelt und überweist den Gesamtbetrag an die KZV. Die wiederum überweist jedem Zahnarzt den ihm zustehenden Anteil. Der Zeitraum zwischen der Behandlung und dem Eingang des dafür errechneten Honorars beträgt etliche Wochen.

Was wird über die Chipkarte abgerechnet?

Ein Großteil der zahnmedizinischen Behandlung wird über die Chipkarte abgerechnet. Dazu gehören zum Beispiel:

- normale Untersuchungen, einfache Zahnsteinentfernungen
- Spritzen zur lokalen Betäubung
- Röntgenaufnahmen
- Amalgamfüllungen
- Kunststofffüllungen an Schneidezähnen
- Zahnfleischbehandlungen (Gingivitis, Parodontitis, »Parodontose«)

- Ziehen von Zähnen
- chirurgische Maßnahmen
- Prophylaxemaßnahmen für Kinder und Jugendliche (so genannte IP-Positionen)
- Zahnersatz (Kronen, Brücken, Prothesen) – Eigenanteil ausgenommen
- Kieferorthopädie – Eigenanteil ausgenommen (wird später von der Kasse zurückgezahlt)

Kostenerstattung statt Chipkartenabrechnung

Neben der Abrechnung über die Chipkarte gibt es für gesetzliche Krankenversicherte auch die Möglichkeit der Kostenerstattung. Privatpatienten kennen das Verfahren. Sie erhalten vom Zahnarzt eine Rechnung, überweisen den Gesamtbetrag an ihren Zahnarzt und reichen die Rechnung ihrer Krankenversicherung (oder der Beihilfe des Arbeitgebers) ein: Diese erstattet dann den Anteil an der Gesamtrechnung, den sie ihrem Versicherten zahlen muss. Das Verfahren mag auf den ersten Blick ungewohnt erscheinen. Ein kleiner Aufwand, der aber für Transparenz und Durchblick sorgt. Man sieht genau, was der Zahnarzt gemacht hat, was das gekostet hat und kann ihn bei Unklarheiten befragen.

Achtung!

Leider ist die Kostenerstattung zurzeit nur pauschal für alle ärztlichen Behandlungen (also ärztliche und zahnärztliche!) und nur für einen Zeitraum von mindestens einem Jahr wählbar. Dies bringt manchmal deutliche Nachteile, weil manche Ärzte bei solchen privaten Abrechnungen immer teurer abrechnen als mit der Kasse.

WISO rät

Sie sollten auf Kostenerstattung als Abrechnungsmethode grundsätzlich verzichten!

Bezahlung von kieferorthopädischen Behandlungen

Kieferorthopädische Behandlungen werden bei Patienten bis zur Vollendung des 18. Lebensjahres mit Ausnahme des Eigenanteils über die Chipkarte abgerechnet. Dieser Eigenanteil liegt in der Regel bei 20 Prozent der Gesamtkosten – sofern in einer Familie mehrere Kinder in kieferorthopädischer Behandlung sind, beträgt der Eigenanteil ab dem zweiten Kind sogar nur 10 Prozent –, wird jedoch nach erfolgreichem Abschluss der Behandlung von der Kasse zurückerstattet.

Bezahlung von Zahnersatzbehandlungen

Bevor es zur eigentlichen Zahnersatzbehandlung kommt, muss die Krankenkasse ihre Zustimmung gegeben haben. Dazu erstellt der Zahnarzt den oben besprochenen Heil- und Kostenplan, in dem unter anderem der Gebissbefund und die Behandlungsschritte aufgelistet sind. Auf dieser Grundlage prüft die Krankenkasse die Notwendigkeit einer Behandlung und berechnet den Zuschuss für den Versicherten. Seit dem 1. Januar 2005 handelt es sich dabei um einen Festzuschuss, der sich allein nach dem Befund richtet. Bei einem lückenlos geführten Bonusheft erhöht sich der Festzuschuss um 20 beziehungsweise 30 Prozent (vgl. das Kapitel »Das Bonusheft«).

»Privatbehandlung« bei gesetzlich Versicherten

Seit dem 1. Januar 2005 rechnet der Zahnarzt Zahnersatz komplett als Privatleistung mit Ihnen ab, wenn es sich um so genannten *andersartigen Zahnersatz* handelt. Von andersartigem Zahnersatz wird gesprochen, wenn sich die Behandlung von der Regelversorgung grundlegend unterscheidet.

Beispiel 1

Beim Fehlen eines Backenzahns ist eine Brücke die Regelversorgung. Wählen Sie stattdessen eine Implantatkonstruktion, handelt es sich um eine andersartige Versorgung, die der Zahnarzt als Privatleistung mit Ihnen abrechnet. Von Ihrer Krankenkasse erhalten Sie im Anschluss den Festzuschuss erstattet.

Beispiel 2

Es besteht der Wunsch nach besonderen Behandlungsverfahren, die nicht in das Leistungspaket der gesetzlichen Krankenversicherungen fallen, zum Beispiel Hypnose oder Akupunktur. Manche Krankenversicherungen beteiligen sich mit einem Zuschuss an solchen Kosten, andere nicht. Das ist im Einzelfall zu klären. In den meisten Fällen gilt bei der Abrechnung für gesetzlich Versicherte das gleiche Verfahren wie für Privatpatienten: Der Patient erhält eine Rechnung.

Die Zahlung der Rechnung

Es gibt je nach der Wahl der Versorgungsart unterschiedliche Arten der Abrechnung und Rechnungsstellung, die im folgenden Abschnitt kurz dargestellt werden.

Regelversorgung und gleichartige Versorgungen Festzuschüsse, die im Zusammenhang mit Regelleistungen oder gleichartigen Leistungen genehmigt wurden, werden mit dem Heil- und Kostenplan nach der Eingliederung oder Wiederherstellung des Zahnersatzes über die KZV abgerechnet, das heißt, hier wird direkt gezahlt, ohne dass Sie als Patient dies wahrnehmen. Bei der Rechnungsstellung gegenüber Ihnen als Versicherten ist der Betrag für die Festzuschüsse vom Rechnungsbetrag abzuziehen. Ist der tatsächliche Rechnungsbetrag niedriger als der von der Krankenkasse festgesetzte Festzuschuss, dann muss dies bei der Abrechnung berücksichtigt werden. Ihr Anspruch als Patient ist in diesen Fällen auf die Höhe des Rechnungsbetrages begrenzt.

Andersartiger Zahnersatz Ausschließlich bei andersartigem Zahnersatz wird Ihnen als Patienten vom Zahnarzt nach Maßgabe der GOZ die Behandlung direkt in Rechnung gestellt. Die genehmigten Festzuschüsse werden von der Krankenkasse direkt mit dem Versicherten nach Vorlage der Rechnung abgerechnet.

Mischfälle Als »Mischfälle« gelten Fälle, bei denen Regelleistungen und/oder gleichartige Leistungen in Verbindung mit andersartigen Leistungen erbracht werden. Genehmigte Festzuschüsse für Mischfälle sollen dann über die KZV abgerechnet werden, wenn mehr als 50 Prozent des zahnärztlichen Honorars zum Zeitpunkt der Planung für Leistungen der Regelversorgung und/oder der gleichartigen Versorgung anfallen. Anderenfalls werden die Leistungen dem Patienten abgerechnet, der seine Festzuschüsse von der Krankenkasse erhält (Kennzeichnung »D« auf dem HKP).

Härtefälle Bei Härtefallpatienten (siehe entsprechendes Kapitel) wird die gesamte Rechnungshöhe über die KZV abgerechnet, wenn eine Regelversorgung durchgeführt wurde, auch dann, wenn die Rechnung den doppelten Festzuschuss übersteigt. Wählt der Versicherte Edelmetalllegierungen, sind die Mehrkosten dafür mit ihm direkt abzurechnen. Die Krankenkasse übernimmt nur die Kosten für NEM-Legierungen. In der Rechnung des zahntechnischen Labors wird der Mehrbetrag ausgewiesen. Wählt der Härtefallpatient einen gleichartigen oder andersartigen Zahnersatz, ist sein Leistungsanspruch auf den doppelten Festzuschuss begrenzt.

Erste Adresse für offene Fragen: Der Zahnarzt

Gerade weil die Abrechnungswege in der zahnärztlichen Behandlung so unübersichtlich erscheinen, sollte man sich bei seinem Zahnarzt vorher genau erkundigen. Für alle Seiten ist eine rechtzeitige klare Absprache der sicherste Weg. Vorher klären erspart nachher Ärger. Wenn das nicht hilft, steht Ihnen Ihre Krankenkasse mit Sachverständigen zur Seite.

Die Behandlung

Ist nur ein kleines Loch im Zahn, reicht oft eine Ausbohrung und eine kleinere Füllung oder ein Inlay. Unterschiede gibt es dort im Material und im Preis. Wenn ein Loch im Zahn gefüllt werden soll, haben die Zahnärzte heute eine ganze Reihe von Alternativen: Es können entweder plastische Füllungen (Amalgam oder Kunststoff) oder Einlagefüllungen (Inlays) zum Einsatz kommen.

Plastische Füllungen sind Füllungsmaterialien, die vom Zahnarzt im plastischen, also weichen Zustand, in den Zahn eingebracht werden und dort auf verschiedene Art und Weise aushärten. Vorteilhaft an plastischen Füllungen ist, dass sie an einem Termin fertiggestellt werden. Die zwei Vertreter dieses Verfahrens sind die klassische Amalgamfüllung oder die Füllung aus Kunststoff (so genanntem Komposit).

Für die Versorgung mit Einlagefüllungen werden zwei Sitzungen benötigt. Während des ersten Termins wird der erkrankte Zahn zunächst in tieferen nervnahen und in untersichgehenden Bereichen mit unterschiedlichen Materialien aufgebaut. Nachfolgend wird der Zahn beschliffen und die Zahnreihe wird mit einem hochpräzisen Abformmaterial abgeformt. Mit Hilfe dieses Abdrucks stellt der Zahntechniker im zahntechnischen Labor ein exaktes Modell der Zahnreihe und des beschliffenen Stumpfes her. Auf diesem Modell kann er nun in Ruhe, präzise und funktionsgerecht eine Füllung herstellen, die im Rahmen eines zweiten Zahnarzttermins angepasst und eingesetzt wird. Der Tatsache, dass die

Füllung in den Zahn eingesetzt beziehungsweise eingelegt wird, entstammt der Name Einlagefüllung oder Inlay.

Ein Inlay kann, wie jede andere Füllung auch, nur dann eingesetzt werden, wenn nach der Kariesentfernung noch so viel Zahnsubstanz übrig geblieben ist, dass der restliche Zahn den heftigen Kaudruck aushalten kann. Sind die Zahnwände zu dünn, bricht das Gefüge. In solchen Fällen wird auf ein Inlay verzichtet und zu einer Krone geraten: Sie umschließt den Zahnstumpf von allen Seiten und ersetzt die verlorene natürliche Zahnsubstanz.

Inlays können aus Gold oder aus Keramik hergestellt werden. Sie werden gegossen, gefräst oder »gebrannt« – je nach Material. Die heute üblichen Füllrohstoffe für Inlays ermöglichen eine breite Auswahl – für unterschiedliche Ansprüche in funktionaler, ästhetischer und auch finanzieller Hinsicht. Hier die wichtigsten Füllungen und Inlay-Arten:

Amalgam – der umstrittene Klassiker

Der Klassiker ist eine Mischung unterschiedlicher Metalle, heutzutage auf der Basis von Silber, das Amalgam. Um in den Zahn gefüllt werden zu können, muss die Metallmischung formbar sein – deshalb wird zu der in Pulverform abgefüllten Silber-Metallmischung metallisches Quecksilber zugegeben und zwar im Verhältnis von 50:50. Bei der Mischung verbinden sich die Quecksilberteilchen mit dem Legierungspulver, dabei härtet die Mischung. Aber nicht alle Teilchen im Legierungspulver finden einen Quecksilberpartner, das hat zwei Vorteile: Die übrig gebliebenen feinsten Körnchen aus der Metallmischung machen die Füllung noch fester und stabiler. Weil noch viele »Andockstellen« frei und verfügbar sind, gibt es bei der Amalgamfüllung auch keinen Quecksilberüberschuss, der sich »irgendwie« verflüchtigt. Zuallererst würde sich das Quecksilber an die freien Bestandteile »binden«. Das Amalgam, diese Kombination aus anfangs formbarer Silberpulver-Quecksilber-Mischung passt sich genau in das »Zahnloch« ein, das beim Ausbohren der Karies entstanden ist, und füllt es dicht auf.

Seit circa 150 Jahren arbeiten Zahnmediziner mit Amalgam. Und genau so lange dauert auch die Diskussion um dieses Füllmaterial. Wissenschaftler in aller Welt haben sich früher und heute mit diesem Füllstoff beschäftigt, weil immer wieder Sorgen aufkamen, ob die Metallmischung wirklich langfristig gut verträglich ist. Das Material wurde laufend weiter verbessert und gilt in Fachkreisen als der bestuntersuchte zahnärztliche Werkstoff überhaupt. Ein Plus, das nicht alle modernen Materialien vorweisen können, die als Amalgamalternativen gehandelt werden.

Verarbeitung und Vorteile Unstrittig ist, dass Amalgam sehr leicht zu verarbeiten ist, wenn ein Kariesdefekt gefüllt werden muss. Dennoch muss sehr sorgfältig gearbeitet werden: Eine gute Amalgamfüllung braucht ihre Zeit! Nach dem Aufbohren des Zahnes an der Kariesstelle und Entfernung der zerstörten Zahnsubstanz wird zuerst eine Unterfüllung gelegt: Sie dichtet im Zahn das Zahnmark (»Pulpa«) gegen die Amalgamfüllung ab. Danach füllt der Zahnarzt den Füllstoff ein, verdichtet ihn und modelliert (beim Backenzahn) die Kaufläche. Nach Aushärtung wird die Amalgamoberfläche poliert. Eine solche Amalgamfüllung hat eine lange Lebensdauer: acht bis zehn und mehr Jahre sind keine Seltenheit! Damit übertrifft die Amalgamfüllung – vorausgesetzt, die Zähne werden gepflegt und es entsteht keine neue Karies – die Funktionstüchtigkeit vieler anderer Füllungsmaterialien.

Auch ein wichtiger Aspekt: Diese Füllung ist nicht nur sehr haltbar, sondern auch sehr preiswert. Sie als Patient müssen nichts zuzahlen, und für die Krankenkasse entstehen relativ geringe Kosten von 25 bis 40 Euro, je nach Größe der Füllung. Kein Wunder also, wenn die Krankenkassen die Amalgamfüllung als Norm betrachten und bei anderen Zahnfüllungen nicht mehr als die Kosten für eine vergleichbare Amalgamfüllung dazuzahlen.

Die Nachteile Bei allen Vorteilen: Es gibt auch Nachteile. Am augenfälligsten ist der metallische, graue Farbton. Das war früher kein Problem, aber inzwischen spielt Ästhetik eine wachsende Rolle. »Zubeißen können« reicht nicht mehr – die Zähne sollen auch schön und gesund aussehen, das heißt zahnfarben, also weiß. Und da stört beim Lachen und Sprechen die Amalgamfüllung als dunkler Fleck mitten im Weiß der umgebenden gesunden Zähne. Für viele Patienten ist das Grund genug, auf Amalgam zu verzichten. Ein Bedürfnis, dem die Zahnärzte heute in den meisten Fällen entsprechen können – die Auswahl an Füllmaterialien und -methoden ist inzwischen sehr groß.

Ein Nachteil, der eher emotionale als wissenschaftliche Aspekte hat: Amalgam hat einen schlechten Ruf. Immer wieder sind kritische Beurteilungen zu hören und zu lesen, in denen Bedenken geäußert wurden, ob Amalgam nicht vielleicht doch bedenkliche Folgen für den Organismus haben könnte. Naturheilkundlich interessierte Patienten, aber auch einige gleichgesinnte Zahnärzte lehnen Amalgam »vorsichtshalber« ab.

Ja oder nein – wer hilft bei der Entscheidung? Ob eine Amalgamfüllung gelegt wird oder nicht, ist heute oft keine medizinisch begründete Frage mehr, sondern eher eine weltanschauliche. Wer der Naturwissenschaft misstraut, misstraut auch dem Amalgam. Einen eindeutigen Beweis, ob ein Stoff schädliche Nebenwirkungen hat oder nicht, kann weder die Naturwissenschaft noch die Naturheilkunde liefern. Was für den einen Menschen gilt, muss für den anderen noch lange nicht stimmen. Jeder Mensch ist ein Individuum aus vielfältigen genetischen Vorgaben und äußeren Einflüssen – eine eindeutige Aussage, was für alle zusammen »das Beste« ist, kann die Medizin deshalb nicht bieten. Während der eine auf Natur schwört, reagiert der andere auf die gleichen Stoffe mit einer schweren Allergie. Die Medizin, das darf man nie vergessen, macht nur Angebote – deshalb muss auch beim Amalgam jeder für sich selbst abwägen, welchen Argumenten und Fakten er mehr Glauben schenkt und von wem er sich bei seiner Entscheidung beraten lässt.

Die zahnärztlichen Berufsorganisationen, aber auch die zuständigen Behörden, zum Beispiel das Bundesgesundheitsministerium, stützen sich in ihrer Beurteilung des Füllwerkstoffes Amalgam auf die Ergebnisse der nationalen und internationalen wissenschaftlichen Forschung. Die in Deutschland zuständige wissenschaftliche Fachgesellschaft der Zahnmedizin, die Deutsche Gesellschaft für Zahn-, Mund- und Kieferheilkunde (DGZMK), betont, es bestehe kein Grund, auf Amalgam wegen seiner angeblichen gesundheitlichen Schäden für den Organismus zu verzichten. Wer trotzdem kein Amalgam will, kann auf Alternativen zurückgreifen – darf aber eines nicht vergessen: Auch diese Alternativen haben Vor- und Nachteile und können gesundheitliche Risiken aufweisen.

WISO rät

Am besten verlassen Sie sich auf Ihren Zahnarzt. Ihn kennen Sie oft schon über viele Jahre hinweg, Sie vertrauen ihm und fühlen sich bei ihm in sicheren Händen. Er kennt auch seine Patienten und wird deshalb die Behandlungsweise vorschlagen, die für Sie die beste ist.

Amalgamunverträglichkeit testen lassen

Ehe man funktionstüchtige Amalgamfüllungen ersetzen lässt, können Sie bei Bedenken eine umfangreiche Untersuchung machen lassen, die andere Ursachen ausschließt. In folgenden Institutionen können Sie sich auf Amalgamunverträglichkeit von Fachleuten testen lassen:

Klinik und Polikliniken für Zahn-, Mund- und Kieferkrankheiten der
Universität Erlangen-Nürnberg
Dr. Johannes Ebert
Poliklinik für Zahnerhaltung und Parodontologie
Glückstraße 11
91054 Erlangen

Zentrum für Zahn-, Mund- und Kieferheilkunde
Prof. Dr. Klaus Ott
Poliklinik für Zahnerhaltung
Waldeyer Straße 30
48149 Münster

Wissenschaftliche Beratungsstelle München für Unverträglichkeitsreaktionen auf Dentalmaterialien (Ber-U-dent)
(eine Kooperation der Bayerischen Landeszahnärztekammer mit der Poliklinik für zahnärztliche Prothetik/Universität München)
Telefonische Beratung und Terminvereinbarung: (089) 51 60 32 51

Die Kunststofffüllung

Eine Alternative zur Amalgamfüllung ist die Kunststofffüllung, die auch Komposit genannt wird. Wir stellen Ihnen die Möglichkeiten und Grenzen dieses Füllwerkstoffs hier vor. Der Begriff Kunststoff trifft nicht ganz die Tatsachen: Zu 60 bis 70 Prozent bestehen die Kunststofffüllungen, die die Zahnärzte »Komposits« nennen, aus Glas- und Quarzteilchen und nur zu rund 30 bis 40 Prozent aus bestimmten Kunststoffen. Dieses Gemisch ist zunächst weich und kann deshalb gut in den Zahn eingefüllt werden. In der Regel werden heute lichthärtende Komposits verwendet: Unter Einwirkung von UV-Licht härtet das Material aus. Dabei »schrumpft« es ein wenig, weil die Kunststoffanteile sich verketten und die übrigen Teilchen so fest einbinden, dass keine »Bewegung« mehr möglich ist. Die Füllung ist dann fest. Zahnfüllungen aus Kunststoff finden auch aus optischen und ästhetischen Gründen leicht Freunde: Sie sind zahnfarben und fallen deshalb nicht auf. Und sie sind – im Vergleich zum Beispiel zu laborgefertigten Inlays – preiswerter. Ebenfalls wichtig: Moderne Komposit-Füllungen halten, wenn sie eine bestimmte Größe nicht überschreiten, inzwischen fast so lang wie Amalgamfüllungen. Außerdem sind sie im Allgemeinen gut verträglich.

Einsatzmöglichkeiten und Grenzen Komposits gibt es seit mehr als zehn Jahren. Der Werkstoff hat sich einen festen Platz in der Zahnbehandlung erobert, besonders bei Defekten in Frontzähnen, am Zahnhals oder bei kleinen Löchern in Kinderzähnen. Ein Problem waren früher die Kauflächen der Backenzähne: Dort herrscht großer Kaudruck, den eine Füllung aushalten muss. Diese Aufgabe haben frühere Kompositmaterialien nicht gut bewältigt. Mit den neuen Kunststoffmischprodukten sind mittlerweile aber auch kritischere Situationen zu lösen. Aber nicht jedes Loch im Zahn ist für eine Kompositfüllung geeignet: Je größer der zu füllende Bereich (»Kavität«), desto schlechter halten die Kompositmaterialien. Denn sie brauchen rundherum Zahnhartsubstanz, sozusagen einen Zahnrand.

Wie läuft die Behandlung ab? Heute werden Kunststofffüllungen meistens in so genannter Mehrschicht-Technik eingebracht – dieses Verfahren verspricht die beste Haltbarkeit. Zuerst werden die Wände rund um das Loch im Zahn leicht angeätzt. Die Zahnfläche wird dadurch etwas aufgeraut. Die spätere Füllung hält somit besser. Dann wird ein Haftmittel verteilt, das für eine feste Verbindung zwischen dem Komposit und dem Zahn sorgt. In dieser ganzen Zeit darf kein Speichel in das Behandlungsfeld eindringen. Viele Zahnärzte verwenden deshalb zum Beispiel eine Gummiabdeckung (Fachbegriff: Kofferdamm) zur Abdichtung. Das Komposit wird jetzt in dünnen Schichten aufgetragen und Schicht für Schicht unter Licht gehärtet.

Wann zahlt die Krankenkasse eine Kunststofffüllung? Kunststofffüllungen sind in der Regel *keine Kassenleistungen*. Nur in Ausnahmefällen übernimmt die Krankenkasse diese Kosten. Dies ist dann gegeben, wenn der Patient ein ärztliches Attest über eine Allergie auf Quecksilber (ist im Amalgam enthalten) oder über ein schweres Nierenleiden vorlegen kann. In diesen Fällen wird die Kunststofffüllung direkt vom Zahnarzt über die Krankenversichertenkarte abgerechnet. In allen anderen Fällen zahlt die Krankenkasse einen Teil der Kosten, und zwar den Anteil, den eine vergleichbare Amalgamfüllung gekostet hätte.

Weitere Füllungen

Die gesündeste Zahnfüllung ist: Gar keine! Wer Wert auf »Bioverträglichkeit« legt, sollte deshalb darauf achten, dass die Zähne sauber und gesund bleiben. Jede notwendig werdende Füllung besteht aus körperfremdem Stoff und ist deshalb immer nur zweite Wahl im Vergleich zum Originalzahn. Trotzdem besteht kein Anlass zur Sorge: Die heute verwendeten Zahnfüllungswerkstoffe sind alle auf gute Verträglichkeit getestet und in unterschiedlichsten Einsatzgebieten erfolgreich. Nicht zu vergessen: Auch Zahnärzte haben hin und wieder ein Loch im Zahn und keine bessere Auswahl unter den Füllmaterialien als ihre Patienten auch!

Gold-Inlay

Gold, genauer gesagt eine harte Goldlegierung ist der am häufigsten verwendete Werkstoff für eine Inlay-Versorgung im Seitenzahngebiet (»Backenzähne«). Reines Gold wäre zu weich und ist deshalb ungeeignet. Ein solches Gold-Inlay hat einige Pluspunkte: Gold lässt sich von allen Materialien am besten verarbeiten. Vor allem der wichtige Randschluss, der Übergang vom Inlay zum Zahn, kann sehr exakt gearbeitet werden: Je dichter dieser Bereich schließt, umso schwerer können Bakterien eindringen und unter der Füllung wieder für Karies sorgen. Ein dichter Randschluss ist also ein auch medizinisch wichtiges Ergebnis. Ganz allgemein gilt Gold zudem als das vom Körper am besten akzeptierte Material. Und Inlays aus Gold widerstehen bestens dem hohen Kaudruck, der auf den Backenzähnen lastet. Nachvollziehbar also, dass Gold-Inlays eine lange Lebensdauer haben: 10, 15 oder gar mehr Jahre sind keine Seltenheit. Für alle Patienten, die eine besonders haltbare und stabile Füllung wünschen, aus persönlichen Gründen aber keine Amalgamversorgung möchten, ist deshalb ein Gold-Inlay die beste Alternative. Es kostet zwar deutlich mehr, aber die Investition lohnt sich auf die Jahre gesehen allemal. Natürlich hat, wie alles, auch ein Gold-Inlay einen Nachteil: Es ist nicht zahnfarben. Nicht jeder Patient möchte, dass man seine Fülllungen sieht. Wer Wert auf höchste Ästhetik legt, entscheidet sich deshalb eher für die folgende Alternative:

Vollkeramik-Inlay

Selbst Zahnärzte haben manchmal Probleme, ein Vollkeramik-Inlay im Zahn zu erkennen, so sehr gleicht es der natürlichen Zahnsubstanz. Es gibt inzwischen so viele unterschiedliche Tönungen auf der Basis von »zahnfarben«, dass sogar leicht gelbliches oder leicht gräuliches Weiß genau getroffen werden können! Mit solch perfekter Ästhetik ist ein Vollkeramik-Inlay natürlich geradezu prädestiniert für eine Versorgung im sichtbaren Bereich der Zähne!

Aber die Schönheit hat nicht nur ihren Preis, sondern ist auch empfindlich. Inlays aus Keramik sind sehr aufwändig in der Herstellung und entsprechend teuer. Und: Keramik ist ein eher sprödes Material und damit bruchgefährdet. Auch im Hinblick auf die Haltbarkeit gibt es noch Bedenken: Vermutlich sind Vollkeramik-Inlays im Vergleich zu Gold-Inlays etwas weniger lange haltbar.

Musterablauf einer Behandlung

Im ersten Behandlungsschritt nimmt der Zahnarzt einen Abdruck vom Gegenkiefer. Das ist wichtig, damit der Zahntechniker im Labor die neue Füllung genau der Gebisslage anpassen kann. Genau wie beim Original, das nun als Abdruck vorliegt, müssen beim Inlay die Oberfläche des Zahnes, die Grübchen und eventuell auch vorhandene Höcker modelliert werden. Nur so funktioniert das Beißen nachher problemlos, und nur, wenn das Inlay genau zu seinem Gegenüber passt, sind Druckgefühle beim Beißen und Kauen vermeidbar.

Nach dem Abdruck der Kiefer präpariert der Zahnarzt den kariösen Zahn. Das bedeutet: Die Karies (oder eine alte, erneuerungsbedürftige Füllung) wird herausgebohrt. Das entstehende Zahnloch wird so vorbereitet, dass das später eingesetzte Inlay einen guten Halt finden wird. Danach fertigt der Zahnarzt einen Abdruck an, um den genauen Umfang und die genaue Passform des künftigen Inlays bestimmen zu können.

Wenn eine zahnfarbene Füllung eingesetzt werden soll, bestimmt der Zahnarzt anhand einer Farbskala die Farbe der Füllung, sodass sie nachher möglichst mit dem umgebenden natürlichen Zahnweiß übereinstimmt. Abschließend für den ersten Behandlungsschritt wird der Zahn mit einer provisorischen Füllung versorgt: Diese Aufgabe übernimmt entweder ein spezieller Kunststoff oder ein Verschlusszement. Ohne ein Provisorium im »geöffneten« Zahn könnte man nur schwerlich die Zeit bis zum endgültigen Einsetzen des Inlays überstehen: Kaltes und Heißes, ja sogar die Atemluft würden sich als schmerzhafter Stich bemerkbar machen!

Der zweite Behandlungsschritt folgt nach einigen Tagen, bis der Zahntechniker im Labor das Inlay auf Bruchteile von Millimetern genau angefertigt hat. Nunmehr steht der zweite Termin in der Zahnarztpraxis an. Zuerst wird das Inlay zur Probe eingesetzt. Durch mehrmaliges Zubeißen prüft der Patient, ob das Inlay richtig passt. Sollte es etwas »drücken«, schleift der Zahnarzt hauchfein eventuell überstehendes Inlay-Material ab, bis die Füllung »passt«. Wenn der Patient beim Zubeißen keine Unterschiede mehr zu vorher feststellt, ist es so weit: Die Kavität (das Loch) wird nochmals gereinigt, mit einem Luftstrahl getrocknet, desinfiziert und schließlich das Inlay eingesetzt. Nun muss der Patient längere Zeit fest zubeißen. In dieser Zeitspanne härtet der »Klebstoff« aus. Das Inlay sitzt jetzt fest und endgültig an Ort und Stelle.

Die Kosten

Wenn man sich diese Behandlungsschritte und die Arbeit im Labor vor Augen hält, ist verständlich, warum ein Inlay nicht billig sein kann. Für manche Patienten ein Problem: Es ist keine Kassenleistung. Immerhin erhält man schon seit Ende 1996 nur einen Zuschuss in Höhe einer vergleichbaren Amalgamfüllung von seiner Krankenkasse, die davon ausgeht, dass eine Amalgamfüllung für die Versorgung des kariösen Zahnes ausreichend und wirtschaftlich gewesen wäre. Die Differenz bezahlt der Versicherte selbst. Die Kosten eines Inlays schwanken von Fall zu Fall. Die Größe, das Material sowie die Lage des zu behandelnden Zahnes sind Faktoren, die sich in den Kosten niederschlagen. Als grobe Richtschnur muss man bei einem Gold-Inlay mit etwa 250 bis 400 Euro rechnen, bei einem Keramik-Inlay mit 400 bis 500 Euro.

Die beste Lösung: Gar keine Füllung

Füllungen bedeuten immer Ersatzmaterial im Mund – auch wenn man sie in der Regel nicht als solche spürt und sich sehr rasch an sie gewöhnt. Wer möglichst wenig Füllungen haben möchte, muss also seine Zähne kariesfrei halten, das heißt sie regelmäßig und sorgfältig reinigen. Zähne sind zwar widerstandsfähig, aber säureempfindlich. Säure entsteht, wenn die im Mund vorhandenen speziellen Bakterien zum Beispiel Zucker verdauen. Je mehr Zahnbelag, desto mehr Bakterien und desto größer die Gefahr für Zahnschäden! Wer Zahnbelag regelmäßig und sorgfältig entfernt und sich zuckerhaltige Zwischenmahlzeiten (und Getränke!) erspart, kann seine Zähne lange gesund erhalten. Sicherheitshalber sollte man in regelmäßigen (individuell verschiedenen) Abständen seine Zähne, Zahnzwischenräume und Zahnfleischränder professionell reinigen lassen – immer mehr Zahnarztpraxen haben so genannte »professionelle Zahnreinigung« (oft auch »Individualprophylaxe« genannt) im Prophylaxeprogramm. Sie macht sich durch längere Zahngesundheit bezahlt – auch wenn man dafür selbst in die Tasche greifen muss: Die Krankenkassen übernehmen diese Vorsorgekosten nicht.

Die Wurzelbehandlung

Kein Zahnersatz ist so verträglich wie die eigenen Zähne! Deshalb versuchen heute die Zahnärzte mehr denn je, die natürlichen Zähne im Mund zu erhalten, auch dann, wenn sie bis in den Wurzelbereich erkrankt sind und deswegen sehr umfangreicher Behandlung bedürfen. Solche Maßnahmen sind aufwändig – aber sie helfen, Ihre eigenen Zähne zu behalten!

Wann ist eine Wurzelbehandlung erforderlich? Meistens ist Karies schuld, wenn die Zahnwurzel behandelt werden muss. Die Bakterien, die für die Zerstörung der Zahnsubstanz verantwortlich sind, haben sich einen Weg ins Zahninnere geschaffen und sind bis zu den Kanälchen in der Zahnwurzel vorgedrungen.

Jede Zahnwurzel hat mindestens einen Kanal, der mit Gewebe (»Pulpa« oder auch Zahnmark genannt), darunter dem Zahnnerv und feinsten Blutgefäßen gefüllt und am unteren Ende offen ist: Damit ist die Verbindung des lebenden Zahnmarks mit dem Körper hergestellt und der lebensnotwendige Stoffwechsel gesichert. Aufgabe des Gewebes ist die Versorgung der Odontoblasten an den Rändern des Wurzelkanals. Odontoblasten sind Körperzellen, die die Zahnhartsubstanz (Dentin) bilden.

Dringen Bakterien in dieses Gewebe ein, entsteht eine Entzündung, die Gefäße dehnen sich aus, finden dafür in dem engen Raum aber kaum Platz und drücken deshalb auf den Nerv: Kein Wunder, wenn dadurch heftigste Schmerzen entstehen! Wird nicht rechtzeitig eingegriffen, sucht sich die Entzündung einen Weg und kann (innerhalb weniger Stunden bis zu ein paar Tagen) über den Kieferknochen bis ins Weichgewebe wandern: Eine »dicke Backe« (Abszess) entsteht. Im schlimmsten Fall können die Bakterien von dort aus Richtung Herz wandern oder ins Gehirn und zu schweren Erkrankungen führen.

Eine Versorgung des Zahnes mit einer Krone kann ebenfalls eine Wurzelbehandlung im Vorfeld nötig werden lassen: Das ist dann der Fall, wenn im Rahmen der vorausgehenden Zahnbehandlung – oftmals zur Erzielung entsprechender ästhetischer Ergebnisse – so viel Zahnsubstanz abgetragen werden muss, dass die Pulpa fast erreicht ist oder gar frei liegt. Sicherheitshalber wird in solchen Fällen oft das Zahnmark entfernt und damit einer möglichen Entzündung durch eindringende Bakterien vorgebeugt – sonst würde die gerade eingesetzte Krone möglicherweise bald wieder herausgenommen werden müssen.

Auch nach Unfällen, bei denen Teile eines Zahnes abgebrochen sind, ist oft eine Wurzelbehandlung und nachfolgende Weiterversorgung mit Zahnersatz nötig.

Vorteile der Wurzelbehandlung

Zugegeben, eine Wurzelkanalbehandlung ist schwierig und für den Zahnarzt recht anstrengend – aber: Der Zeitaufwand lohnt sich für den Patienten aus vielerlei Gründen:

- Der natürliche Zahn wird erhalten und steht fest an seinem Platz im Kiefer!
- Der eigene Zahn sieht genauso aus wie seine natürlichen Nachbarn – ein optisches Plus!
- Es wird keine weitreichendere Behandlung und damit möglicherweise aufwändiger Zahnersatz notwendig! Wenn später einmal eine Brücke über verloren gegangene Nachbarzähne notwendig werden sollte, bietet der eigene Zahn eine hervorragende Stütze!

Kurz: Jedes Jahr, in dem ein wurzelbehandelter Zahn seinen Dienst tut und nicht durch Zahnersatz ersetzt werden muss, ist ein Gewinn für die Lebensqualität! Denken Sie dran: Vorbeugen ist besser als Wurzelbehandeln! Wenn ein Zahn in seinem Inneren an einer Entzündung erkrankt, sind meist von außen eindringende Bakterien aus Zahnbelägen schuld. Versuchen Sie, diese Beläge möglichst immer sorgfältig zu entfernen. Mit der richtigen Zahnpflege zu

Hause und Unterstützung durch Prophylaxeangebote in der Zahnarztpraxis können Zähne ein Leben lang gesund bleiben!

Wie läuft die Behandlung ab?

Bei der Wurzelbehandlung wird das lebende, eventuell schmerzhaft entzündete oder auch abgestorbene Gewebe unter Anästhesie in dem betroffenen Zahnkanal entfernt, der Bereich gereinigt und zum Abschluss wieder aufgefüllt. Was so einfach klingt, ist allerdings recht kompliziert: Um den Wurzelkanal von allen Geweberesten zu befreien, werden winzigste Instrumente eingesetzt. Im Laufe des zeitraubenden Prozesses werden immer einen Hauch stärkere Instrumente genommen, bis der Wurzelkanal so erweitert ist, dass er überhaupt in der Lage ist, eine Füllung aufzunehmen.

Wenn die Wurzeln mustergültig gerade stehen, ist die Aufbereitung des Wurzelkanals zwar aufwändig, aber leichter zu bewerkstelligen. Das ist aber nicht immer der Fall. Denn die Natur hat auch bei den Zahnwurzeln eine große Vielfalt an Formen hervorgebracht, deshalb kann eine länger dauernde Behandlung nötig werden, um auch in einem abgeknickten oder gekrümmten Wurzelkanal alles entzündete Gewebe zu entfernen. Die Behandlung von solchen gebogenen Wurzelkanälen ist immer schwierig und gelingt nicht immer.

Röntgenbild schafft Klarheit

In der Regel wird vor der Füllung ein dünnes Instrument in den hohlen Wurzelkanal gesteckt und dieser Bereich geröntgt: Auf dem Bild ist erkennbar, wie lang der Kanal ist und wie tief er gefüllt werden muss. Mit einem speziellen Material nimmt der Zahnarzt dann die Füllung des Wurzelkanals vor.

Zahnersatz – Die Materialschlacht im Mund

Wenn einzelne Füllungen, Wurzelbehandlungen oder Inlays nicht mehr ausreichen oder wenn zu viele Zähne fehlen, dann kann Zahnersatz nötig werden. Zahnersatz braucht man spätestens dann, wenn wichtige Funktionen des menschlichen Kauorganes gestört sind und eine Füllung allein nicht mehr ausreicht. Dazu rechnet man nicht nur das Beißen oder die Fähigkeit zur Zerkleinerung von Nahrung, damit sie vom Körper besser aufgenommen werden kann, sondern auch das gute Aussehen, die Aussprache und vor allem den dauerhaften Erhalt der noch verbliebenen eigenen Zähne und ihrer Stützgewebe, zum Beispiel der Kieferknochen. Auf diese Gewebe kann Zahnersatz zugleich stabilisierend und erhaltend wirken. Durch Zahnersatz kann man auch weitere Funktionen des Kauorgans, die gestört sein können, verbessern: zum Beispiel das Schlucken, das Zusammenwirken von Kiefergelenk und Muskulatur.

Eines gleich vorweg: Zahnersatz ist recht teuer. Das liegt vor allem daran, dass Zahnarzt und Zahntechniker mit biokompatiblen, meist sehr edlen Werkstoffen, wie zum Beispiel hochgoldhaltigen Legierungen, ein höchst individuelles Ersatzteil für den menschlichen Körper anfertigen. Dazu sind eine Anzahl von Behandlungs- und Arbeitsschritten notwendig, die Hand in Hand beim Zahnarzt im Sprechzimmer und beim Zahntechniker im Dentallabor stattfinden – und Handarbeit ist in Deutschland teuer.

Formen des Zahnersatzes

1. Festsitzender Zahnersatz
   - Kronen
   - Brücken
2. Herausnehmbarer Zahnersatz
   - Teilprothesen
   - Vollprothesen

3. Kombinierter Zahnersatz
   - spezielle Teilprothesenformen

Festsitzender Zahnersatz wird von den meisten Patienten bevorzugt, weil er – ähnlich wie die eigenen Zähne – sicher und stabil verankert ist und auch dem Gefühl der eigenen Zähne am Nächsten kommt. Er bietet auch den größten Komfort. Wichtigste Voraussetzung für festsitzenden Zahnersatz ist allerdings eine ausreichende Zahl von geeigneten, tragfähigen eigenen Zähnen oder Implantaten.

Übersicht: Die Zahnkrone

Wenn ein Zahn wegen seiner Instabilität oder seines Zerstörungsgrades nicht mehr mit Füllungen oder Inlays instand gesetzt werden kann, bietet sich die Versorgung mit einer Zahnkrone an. Da bei dieser Methode der schadhafte Zahn als Unterbau für den Zahnersatz dient, muss zumindest eine stabile Verbindung zwischen Zahn und Kieferknochen bestehen. Und so ist der Ablauf: Unter lokaler Betäubung wird der Zahn bis auf einen stabilen Stumpf abgeschliffen. Vom Zahnstumpf und dem restlichen Gebiss wird ein Abdruck genommen, der dem Zahntechniker als Vorlage für die Zahnkrone dient. Die Zahnkrone wird so gefertigt, dass sie passgenau auf den Stumpf passt und den kosmetischen und funktionellen Anforderungen entspricht. Das heißt, die Krone hat Form und Farbe eines natürlichen Zahnes. Bis die Zahnkrone angefertigt ist, wird der verbliebene Zahnstumpf mit einer provisorischen Krone geschützt. Wenn die Zahnkrone fertig ist, wird sie mit Zahnzement auf dem Zahnstumpf befestigt. Kleine Kanten und Erhebungen, die beim Kauen stören, werden vom Zahnarzt abgeschliffen. Die

Zahnkrone besteht zum großen Teil aus Metall. Dabei werden vor allem goldhaltige Legierungen, manchmal auch Titan genutzt. Aus ästhetischen Gründen wird der Metallkern meist mit einer Keramik- oder Kunststoffschicht verblendet. Bei Zahnkronen im Frontzahnbereich werden auch reine Keramikkronen verwendet. Bei korrekter Pflege kann von einer Haltbarkeit von fünf bis zehn Jahren ausgegangen werden. In vielen Fällen sind die Tragezeiten von Zahnkronen aber noch viel länger.

Warum eine Krone?

Der Zahnarzt bezeichnet die komplette Ummantelung eines Zahnes durch einen dafür geeigneten Werkstoff, wie zum Beispiel einer Metalllegierung, Keramik oder Kunststoff, als Überkronung. Aufgabe dieser Überkronung ist es, diesen Zahn in seiner Form oder Funktion wiederherzustellen und dadurch möglichst lange zu erhalten. Kronen kommen vor allem dann zum Einsatz, wenn ausgedehnte Teile eines Zahnes teilweise oder gar völlig zerstört sind. Brücken, an denen falsche Zähne zum Füllen von Lücken befestigt sind, dienen dem Ersatz verloren gegangener Zähne. Anker- oder Pfeilerzahn nennt man den überkronten Zahn, der rechts oder links mit dem Zahnersatz tragenden Teil der Brücke, dem Brücken- oder Zwischenglied, verbunden ist.

Kronen und Brücken in der Wahrnehmung

Der wahre Vorteil von Kronen und Brücken liegt vor allem darin, dass man als Patient diese Art der Versorgung fast immer problemlos annimmt. Kronen und Brücken werden wie die eigenen Zähne erlebt, nicht wie purer »Zahnersatz«, also eine herausnehmbare Prothese. Mithilfe der Brücke wird aber nicht nur die Kaufähigkeit wiederhergestellt, sondern gleichzeitig auch die Ästhetik und – extrem wichtig – die Sprachfunktion eines Menschen. Mit Kronen und Brücken kann man effizient kauen, weil die Feinsteuerung des Kausystems intakt bleibt und der Zahnarzt die Möglichkeit hat, die Kauflächen eines Zahnes exakt und dauerhaft wiederaufzubauen. Ein Patient kann diese Art von Zahnersatz nicht falsch anwenden, zum Beispiel falsch einsetzen, weil der Zahnarzt die Brücke/Krone fest zementiert. Die Haltbarkeit von Kronen und Brücken ist exzellent, sie haben einen langen Gebrauchswert von durchschnittlich 20 Jahren. Alternativen zur Behandlung mit Brücken sind:

1. Implantatversorgung
2. Versorgung mit einer Teilprothese
3. kieferorthopädischer Lückenschluss
4. Brückeneingliederung nach bestimmten Vorbereitungsmaßnahmen
5. keine Therapie

Hauptgrund für eine Überkronung ist wie beschrieben die ausgedehnte Zerstörung von Zähnen durch Karies, vor allem dann, wenn die Möglichkeit fehlt, noch eventuell Füllungen im Zahn sicher zu verankern. Wird die gesamte natürliche Mantelschicht aus Zahnschmelz ersetzt, so spricht man von einer (künstlichen) Voll- oder Hülsenkrone. Eine Teilkrone wird so genannt, wenn der Zahnschmelz nur partiell abgetragen wurde. Die Übergänge zwischen Voll- und Teilkronen sowie zu den vielflächigen Gussfüllungen (Inlay) sind fließend.

Wann darf überkront werden, wann nicht?

Wann sollte vom Zahnarzt eine Krone angewendet oder nicht angewendet werden? Gründe für den Einsatz von Einzelkronen können sein:

- den durch Karies und ausgedehnte (plastische) Füllungen geschwächten Zahn wiederherzustellen und dauerhaft zu schützen;
- die durch Verschleiß (extreme Abkauung) oder Unfall verloren gegangene Hartsubstanz zu ersetzen;
- Entwicklungsstörungen, die seit dem Durchbruch der Zähne vorliegen, auszugleichen;
- auch Stellungs- und Formanomalien der Zähne können so korrigiert werden;
- es sollen Halte- und Stützelemente (zum Beispiel Teleskope) für partielle oder subtotale Prothesen aufgenommen werden;
- schlicht, um ästhetische Korrekturen vorzunehmen.

Eine Zahnbrücke kann bei Zahnverlust aus den verschiedensten Gründen erforderlich sein (Zahnverlust wegen Karies, Zahnbetterkrankungen, Unfall, Nichtanlage und anderes).

Gegenanzeigen für Kronen- und Brückenrestaurationen

- Defekte, die aufgrund ihrer Lokalisation und Ausdehnung noch mit plastischen Füllungsmaterialien (Amalgam, Kunststoff) versorgt werden können;
- jugendliches Alter (Ausnahmen: Adhäsivbrücke, provisorische Kronen (Krone auf Zeit), Konfektionskronen im Milchgebiss);
- Zähne mit schlechter Erhaltungsprognose;
- unzureichende Pflege durch den Patienten.

Unter einer Altersgrenze von 18 bis 20 Jahren wird heute kaum definitiver Kronen- und Brückenersatz eingegliedert. Ganz selten werden bei Jugendlichen oder Kindern zur Erhaltung der Zähne Einzelkronen benötigt (dann meist Kronen auf Zeit). Bei Zahnverlust durch Trauma oder Nichtanlage von Zähnen kommen in dieser Altersgruppe heute häufiger so genannte Adhäsivbrücken zum Einsatz. Mit ihnen kann man die Übergangszeit bis zu einem definitiven Ersatz überbrücken. Adhäsivbrücken werden im

Mund eingeklebt, ohne dass die Pfeilerzähne ausgedehnt präpariert (»beschliffen«) werden müssen.

Bestimmend für den Einbau einer Einzelkrone oder einer Brücke sind also in erster Linie Größe und Lokalisation des entstandenen Zahndefektes in Verbindung mit der Aussicht, den gesamten Zahnbogen auf möglichst lange Sicht wiederherzustellen und möglichst dauerhaft zu erhalten.

Behandlungsschritte

Um einen Zahn mit einer Krone versehen zu können, muss der Zahn präpariert werden, das heißt, ein Teil (bis zu 60 Prozent) der (teilweise gesunden) Hartsubstanz wird entfernt. Die Überkronung ist also ihrer Natur nach zunächst ein destruktiver Vorgang, weshalb sie keinesfalls leichtfertig vorgenommen wird.

Danach formt der Zahnarzt den Zahnstumpf ab, um vom Zahntechniker die Krone oder Brücke anfertigen zu lassen. Hierzu ist im Labor eine Reihe von Arbeitsschritten notwendig. Bis zur endgültigen Fertigstellung wird der Zahnstumpf mit einem Provisorium (Kunststoffkrone oder -brücke) versorgt, um Reize wie Wärme oder Kälte vom Zahnstumpf fern zu halten und um ein akzeptables Aussehen zu gewährleisten, aber auch um den Biss zu sichern. Ferner dient das Provisorium dazu, den beschliffenen Zahn in seiner Position zu halten.

Die Präparation wird in der Regel unter lokaler Anästhesie vorgenommen; das gilt auch für das endgültige Einsetzen. Das Ausmaß, wie viel Zahnhartsubstanz wegpräpariert werden muss, wird im Wesentlichen von drei Faktoren bestimmt: Vorrang hat der Schutz des Zahnmarkes (Pulpa), das heißt, über dem Zahnmark muss in der Regel eine ausreichend dicke Schicht gesunder Zahnsubstanz stehen bleiben. Ferner spielen Ästhetik und Kronenmaterial eine wichtige Rolle. Grundsätzlich muss so viel Hartsubstanz abgetragen werden, wie notwendig ist, um den Zahn wiederaufzubauen und dabei gleichzeitig gut aussehen zu lassen.

Kronen- und Brückenarten

Zahnarzt und Patient können heute aus einer ungeheuren Fülle von Materialien und zahnmedizinischen Verfahren wählen. Hier sollen aus Gründen der Übersichtlichkeit nur die grundlegenden Formen erwähnt werden.

Die wichtigste Einteilung, durch die der Umfang der Behandlung eines Zahnes festgelegt wird, geschieht bei der Entscheidung, ob alle Flächen oder Seiten eines Zahnes mit einem Fremdmaterial umgeben werden müssen oder nur ein Teil. Oberstes Prinzip muss sein, so viel Zahnsubstanz wie nötig und so wenig wie möglich für die Versorgung zu opfern. Ist es dementsprechend möglich die Außenwand des Zahnes teilweise zu erhalten, so wird der Zahn mit einer Teilkrone versorgt. Im Falle, dass auch die Außenfläche des Zahnes betroffen ist, kommt eine Krone zum Einsatz.

Teilkronen Teilkronen können sowohl aus Goldlegierungen, als auch aus Keramik angefertigt werden. In der Frage in welchen Situationen die eine oder die andere Versorgungsvariante für Sie die bessere ist, sollten Sie auf den Rat Ihres Zahnarztes hören.

Kronen Ist der Zahn durch Karies so weit zerstört, dass er mit einer Füllung nicht mehr in seiner Form und Funktion wiederhergestellt werden kann, und auch die Versorgung mit einer Teilkrone nicht mehr möglich ist, wird eine Überkronung des gesamten Zahnes notwendig. Hierbei überdeckt die künstliche Zahnkrone den – zuvor von Karies befreiten und mit Kunststoff aufgebauten – präparierten Zahnstumpf. Die Krone lässt sich je nach Aufwand ästhetisch und funktionell optimal anpassen. Man unterscheidet vier verschiedene Arten von Kronen:

Vollgusskronen Vollgusskronen können sowohl aus Nichtedelmetall- als auch aus Edelmetalllegierungen angefertigt werden. Edelmetalllegierungen sind jedoch passgenauer, korrosionsbeständiger und somit länger haltbar.

Da die Kronen eine metallene Farbe haben, kommen sie, wenn überhaupt, nur im hinteren Seitenzahnbereich zum Einsatz.

Keramische Verblendkronen Mit Hilfe von keramischen Verblendkronen ist man in der Lage, den Zahn optisch weitestgehend naturgetreu nachzubilden. Hierzu wird auf ein zuvor aus einer Edelmetalllegierung gegossenes Goldkäppchen zahnfarbenes Keramikmaterial aufgebrannt.

Nachteilig ist, dass, bedingt durch das unter der Keramik befindliche Goldkäppchen, auf den Zahn auftreffendes Licht nicht wie beim natürlichen Zahn durch diesen hindurch schimmert. Dieses Manko kann jedoch meist durch eine individuelle Schichtung der Keramik ausgeglichen werden.

Ein weiterer Nachteil ist, dass, falls das Zahnfleisch leicht zurückgeht, im Kronenrandbereich der Metallrand durchschimmert. Diesem Nachteil kann durch Anfertigung einer so genannten Keramikschulter begegnet werden. Hierbei wird der zur Lippe weisende Anteil des Kronenrandes metallfrei gestaltet. Dieses Verfahren ist jedoch sehr aufwändig, da im Randbereich eine exakte Stufe präpariert werden muss.

Galvanokronen Hierbei wird im Unterschied zur keramischen Verblendkrone das unter der Keramik befindliche Metallkäppchen galvanisch hergestellt. Das hat mehrere Vorteile. Zum einen erreicht man mit diesem Verfahren eine noch nie da gewesene Präzision, da alle Dimensionsveränderungen, die mit dem Metallguss verbunden sind, vermieden werden. Bedingt durch die Verwendung von 99,5%igem Feingold, ist die Gefahr, dass Allergien oder Metallunverträglichkeiten auftreten, verschwindend gering. Dadurch, dass das galvanisch hergestellte Käppchen dünner ist als ein normales Gusskäppchen, ist zudem mehr Platz für die keramische Verblendung vorhanden, was sich in der nahezu optimalen Ästhetik widerspiegelt. Unter den Verblendkronen stellt die Galvanokrone die passgenaueste und ästhetisch hochwertigste Variante dar.

Vollkeramikkronen Vollkeramikkronen sind, wie der Name schon sagt, gänzlich metallfrei. Diese Art der Kronen kommt vor allem im Frontzahnbereich zum Einsatz. Sie wirken ästhetisch sehr gut, da das auf den Zahn auftreffende Licht durch diesen hindurch scheinen kann. Von der Fertigung her ist diese Art der Kronen noch aufwändiger als Galvano-Kronen. Sie stellt sowohl für den Zahnarzt als auch für das Zahnlabor die schwierigste Versorgungsform dar.

Brücken Zahnlücken in einem Gebiss zu schließen, ist die Hauptaufgabe von festsitzendem Zahnersatz. Bleibt eine Zahnlücke längere Zeit unversorgt, wachsen Zähne des Gegenkiefers in diese Lücke hinein. Außerdem besteht die Möglichkeit, dass die Nachbarzähne in die Lücke hinein kippen. Die Stabilität des Gebisses geht verloren. Liegt die Zahnlücke im Seitenzahnbereich, kommt es zu Beeinträchtigungen der Kaufunktion, bis hin zu Verdauungsproblemen. Geht ein Frontzahn verloren, sind Aussehen und Sprachfunktion beeinträchtigt. Eine Brücke besteht aus den Pfeilerkronen, die an den die Zahnlücke begrenzenden Zähnen befestigt werden, und dem Brückenzwischenglied, welches die Lücke überbrückt. Genau wie bei den Kronen gibt es Vollgussbrücken, keramisch verblendete Brücken, Galvanobrücken und Vollkeramikbrücken.

Adhäsivbrücken Die Ankerzähne normaler Brücken müssen zur Aufnahme der Kronen umfangreich präpariert werden. Es gibt eine Form, die unter bestimmten Bedingungen, vor allem bei Jugendlichen, ohne ausgreifende Präparation an den Nachbarzähnen einer kleinen Lücke durch Ankleben des Gerüstes auf der Innenseite der Ankerzähne befestigt werden kann.

Verbund-/implantatgetragene Brücken Brücken können nicht nur auf Zähnen, sondern auch auf Implantaten oder kombiniert auf beiden Pfeilertypen befestigt werden. Zur rein implantatgetragenen Brücke wird man immer dann raten, wenn die endständigen Pfeiler gesund sind.

Gründe für das Scheitern von Kronen und Brücken

Über Misserfolge von Kronen- und Brückenrestaurationen, die übrigens recht selten sind, liegt eine Fülle von Untersuchungen vor. So scheitern pro Jahr in den ersten zwei Jahren meist weniger als 1 Prozent. Die Überkronung ist also ein recht sicheres Verfahren.

Frühverluste in den ersten fünf Jahren gehen teilweise auf das Konto von Behandlungsfehlern, technischen Mängeln, Problemen bei der Gesunderhaltung des Zahnmarkes (»Nerv«) und Indikationsfehlern. Spätverluste nach dem fünften Jahr treten vor allem aufgrund von Sekundärkaries und Zahnbetterkrankungen auf, diese wiederum hängen meist mit mangelnder Mundhygiene zusammen, können aber auch durch die ungünstige technische Gestaltung des Zahnersatzes begünstigt werden.

Unerwünschte Nebenwirkungen

Kronen und Brücken können unerwünschte Nebenwirkungen auslösen. Hier eine Auflistung möglicher Schäden:

- erneute Karies am Kronenrand (Sekundärkaries; Kariesrezidiv);
- Komplikationen am Zahnbett (Zahnbett- oder Zahnfleischentzündungen);

- Vitalitätsverlust des Zahnmarkes (akute oder chronische Erkrankung des Zahnmarkes);
- mangelnde Ästhetik bei verfärbtem, verschlissenem, abgeplatztem oder zerstörtem Verblendmaterial;
- Okklusionsstörungen durch fehlerhafte, unpräzise Kauflächengestaltung;
- Gefahr von Pfeilerzahn- oder Zwischengliedbruch;
- Notwendigkeit von Nachsorgemaßnahmen;
- technische Komplikationen wie Lötstellenbruch, Abplatzung der Verblendung;
- Allergien auf die verwendeten Werkstoffe.

Die Zahnprothese

Ist die Zahnlücke zu groß für eine Zahnbrücke oder sind überhaupt keine Zähne mehr zur Stabilisierung des Zahnersatzes vorhanden, kann eine Zahnprothese (umgangssprachlich auch Gebiss genannt) dem Patienten wieder zum problemlosen Kauen verhelfen. Bei Zahnprothesen unterscheidet man zwischen Teil- und Vollprothesen.

Eine Teil-Zahnprothese wird verwendet, wenn noch einige Zähne zur Verankerung des Zahnersatzes herangezogen werden können. Die Teil-Zahnprothese besteht aus miteinander verbundenen Kunststoffzähnen, die mittels Metallklammern am vorhandenen Restgebiss befestigt werden. Teilprothesen sind herausnehmbar.

Ist eine Kieferseite oder der ganze Mundraum komplett zahnlos, ist eine Voll-Zahnprothese notwendig. Auch hier werden mehrere Kunststoffzähne mittels einer Kunststoffbasis miteinander verbunden. Allerdings gibt es mangels vorhandener Zähne keine Befestigungsmöglichkeiten. Eine Voll-Zahnprothese hält primär durch Saughaftung an der Mundschleimhaut. Zusätzlich können auch Haftcremes verwendet werden.

Zuerst wird eine möglichst präzise Abformung der Ober- und Unterkiefer vorgenommen. Da die Prothese auf dem Zahnfleisch liegt und beim Kauen auf die empfindliche Schleimhaut drückt, muss der Abdruck sehr sorgfältig vorgenommen werden. Anhand des Abdrucks fertigt der Zahntechniker die Zahnprothese an. Neben der genauen Passform der Zähne muss dabei auch der so genannte Prothesensattel, auf den sich die Prothese stützt, an die Gegebenheiten des Ober- und Unterkiefers angepasst werden. Wenn die Zahnprothese fertig ist, wird sie beim Zahnarzt eingesetzt und angepasst. Dabei muss zum einen der korrekte Biss und zum anderen der komfortable Sitz auf Zahnfleisch und Gaumen berücksichtigt werden.

Eine Teilprothese beinhaltet eine Metallbasis (in der Regel Chrom-Cobalt-Molydaen), die einerseits zur Verstärkung dient, an der aber auch Metallklammern zur Abstützung und Befestigung an den Restzähnen verankert sind. Der Prothesensattel ist aus Kunststoff gearbeitet und sorgt für die schonende Auflage auf Kieferkamm und Gaumen. Für die Zähne, die auf der Prothese befestigt werden, wird meist Kunststoff verwendet. Keramikzähne sind zwar härter, sind aber schwieriger in der Verarbeitung.

Wann ist eine Teilprothese erforderlich?

Herausnehmbare Teilprothesen kommen dann zum Einsatz, wenn ein Mensch so viele Zähne verloren hat, dass er nicht mehr mit festsitzendem Zahnersatz versorgt werden kann, also nicht genügend Verankerungsmöglichkeiten für eine Brücke bestehen. Meist sind bereits mehr als sechs wichtige Zähne in einem Kiefer verloren gegangen, das heißt, die Teilprothese hat ihr Haupteinsatzgebiet bei der Wiederherstellung der Funktionen des bereits ausgeprägt geschädigten Lückengebisses. Schwerwiegende Schäden wie Zahnwanderungen, Zahnkippungen oder Zahnengstand sind häufig zusätzlich vorhanden. Zahnbetterkrankungen kommen regelhaft vor. Kiefer und Schleimhäute sind meist von Knochenabbau und Schleimhautveränderungen betroffen. Kiefergelenk und Muskulatur können zusätzlich in Mitleidenschaft gezogen sein.

Unterschiede zwischen Teilprothese und Brücke

Bei der prothetischen Behandlung kann man viele Ziele mit einer Brücke oder einer Teilprothese erreichen. Die folgende Übersicht zeigt aber, dass es in vielen Punkten bedeutende Unterschiede zwischen einer Teilprothese und einer Brücke gibt.

Übersicht: Unterschiede zwischen Teilprothese und Brücke

Eigenschaften	**Teilprothese**	**Brücke**
Tragekomfort	weniger gut	sehr gut
Halt	weniger sicher	sehr sicher
Ästhetik	weniger gut	gut
Handhabung	fehleranfällig	problemlos
Annahme durch Patient	gut	exzellent
Sprachfunktion	gut	sehr gut
Anpassung bei weiterem Zahnverlust	möglich	nicht möglich
allergische Reaktion	sehr selten	sehr selten
Kariesentstehung	hoch	niedrig
Zahnfleischschutz	gering	gut
Kosten	gering	hoch
Funktionsdauer	8–10 Jahre	15–20 Jahre

Dieser Überblick zeigt, dass wenn immer möglich die Brücke das erfolgreichere Versorgungskonzept ist. In der modernen Zahnmedizin gibt es einen ausgeprägten Trend zu festsitzenden Restaurationen. Durch Implantate kann heute praktisch in jeder Bezahnungssituation festsitzend versorgt werden. Größter Nachteil der Teilprothese ist die Gefahr, dass weiterer Zahnverlust ausgelöst werden kann, vor allem dann, wenn der Patient die Pflege der Restzähne nicht sehr gewissenhaft durchführt, wobei die Konstruktion der Prothese die Pflege erschweren kann. Man weiß, dass die Teilprothese die Keimbelastung im versorgten Kiefer erhöht und mit ihrer Eingliederung das Risiko steigt, Zahnerkrankungen auszulösen.

Einfache Kunststoff-Teilprothese

Die einfache Kunststoff-Teilprothese weist gebogene oder vorgefertigte Halte- und Stützelemente auf. Sie wird meist als vorübergehender Sofortersatz (Immediatersatz) eingegliedert. Meist ist sie so konstruiert, dass sie durch den Kaudruck in die Schleimhaut einsinkt. Bei längerem Tragen zerstört sie auf diese Weise systematisch das Zahnbett der Restzähne. Sie fördert auf lange Sicht weiteren Zahnverlust. Als definitiver, permanenter Zahnersatz taugt sie nicht, es sei denn, der Verlust der noch verbliebenen (wenigen) Restzähne wird bereits relativ kurz nach ihrer Eingliederung erwartet (»Resignationsprothese«). Eine einfache Kunststoffprothese wird somit nur als Provisorium betrachtet. Sie wird nur bis zur Anfertigung der definitiven Prothese getragen

Modellgussprothese

Die Modellgussprothese oder auch Einstückgussprothese aus einer mundbeständigen Nichtedelmetalllegierung ist typischerweise durch Klammern an den Restzähnen verankert und auf diesen Zähnen abgestützt. Diese Klammern sind bei den Frontzähnen meist sichtbar. Die Zähne müssen nicht unbedingt überkront werden. Die Prothese soll das Zahnfleisch um die Restzähne möglichst unbedeckt lassen, um es nicht zu schädigen.

Man spricht von einer zahnbettfreundlichen Prothese, wenn die Berührungspunkte der gesamten Konstruktion zum Zahnfleisch der Restzähne auf das unvermeidliche Minimum reduziert sind. Diese Konstruktionsweise entspricht heute dem Standard.

Kombinierte Teilprothese

Hier werden komplizierte, meist gegossene Verbindungselemente, also festsitzender Zahnersatz, mit einer gegossenen Modellgussprothese kombiniert (zum Beispiel Teleskop-, Geschiebeprothese). Verbindungselemente verbinden Restzähne mit der Prothese, sorgen also dafür, dass die Prothese gut hält und den Kaudruck auf die noch vorhandenen Restzähne überträgt. Bei einer kombinierten Prothese müssen nicht selten alle natürlichen Zähne überkront werden, um diese speziellen Verbindungselemente aufnehmen zu können. Diese Prothese bietet deutlich mehr Kaukomfort und eine bessere Ästhetik; sichtbare Halte- und Stützelemente (wie zum Beispiel Klammern) werden vermieden. Der Patient ist nicht als Zahnersatzträger erkennbar, und die Prothese ist sicher verankert. Mit ihr wird das Maximum an Komfort, das mit einer Teilprothese erzielbar ist, erreicht. Bei sehr wenigen Restzähnen in einem Kiefer hat sich heute in Deutschland die Teleskopprothese weitgehend durchgesetzt. Sie hat den zusätzlichen Vorteil, dass jeder weitere Verlust von natürlichen Pfeilerzähnen einfach kompensiert werden kann. Die Teleskopprothese kann sich also zukünftigen Veränderungen des Restgebisses »anpassen«.

Die Vollprothese

Unter einer Total- oder Vollprothese versteht man in der Zahnmedizin die Versorgung eines oder beider völlig zahnloser Kiefer mit herausnehmbarem Zahnersatz. Ziel der Behandlung ist die kaufunktionelle, ästhetische und phonetische Rehabilitation eines zahnlosen Menschen.

In Deutschland gibt es glücklicherweise relativ wenige völlig zahnlose Menschen. Man schätzt den Anteil Zahnloser an der gesamten Bevölkerung nur auf circa 5 Prozent. Dies ist, auch im Vergleich mit den meisten unserer Nachbarländer, recht wenig. In einer nationalen repräsentativen Studie wurde zuletzt 1998 festgestellt, dass in der Altersgruppe der 65- bis 74-Jährigen ein Viertel Zahnlose gefunden werden. Immer mehr Menschen in hohem Alter haben heute dank der verbesserten Prophylaxe und der guten prothetischen Versorgung noch eigene Zähne und brauchen somit keine Vollprothese. Die erfolgreichen prophylaktischen Bemühungen lassen erwarten, dass also in Zukunft immer weniger Vollprothesen notwendig werden.

Die meisten Totalprothesen bestehen aus einem speziellen, in der Medizin häufig verwendeten rosafarbenen Kunststoff (PMMA), der meist mit Kunststoff-, selten mit Keramikzähnen versehen wird. Die Form der Prothese gewinnt der Zahnarzt nach speziellen Abformmethoden, die vor allem für den späteren Halt und die Funktion der Prothese wichtig sind, die so genannte Funktionsabformung.

Wie gelingt der Halt?

Wie gelingt der Halt einer Vollprothese, wenn keine eigenen Zähne mehr vorhanden sind? Der gute Halt ist für einen Patienten zunächst das wichtigste Kriterium, weil er sich sonst unsicher fühlt. Zum Halt einer Totalprothese tragen vor allem physikalische Phänomene bei (Saugwirkung, Haft- und Klebewirkung), aber auch aktive Kräfte (Muskulatur) wirken mit. Der Halt einer Prothese beruht einerseits auf günstigen anatomischen Strukturen, zum Beispiel gut erhaltenen Kieferknochen, und andererseits auf speziell vom Zahnarzt ausgeformten Prothesenrändern (so genannten Funktions- oder Ventilrändern). Durch Abdichtung der Ränder gegenüber der Schleimhaut entsteht beim Einsetzen der Prothese ein Unterdruck zwischen Prothesenbasis und Kieferschleimhaut, der in der Hauptsache für den Prothesenhalt verantwortlich ist. Zusätzlich sind Adhäsionskräfte wirksam (Kräfte zwischen Schleimhaut und Prothese), die ohne den Speichelfilm nicht oder nur unzureichend zustande kommen. Der Speichel hat dabei »abdichtende« Funktion. Patienten, die nicht über ausreichend Speichel verfügen, sind daher kaum erfolgreich zu behandeln.

Künstliche Haftmittel (Haftpulver) können die Adhäsion zwischen Basis und Schleimhaut verbessern, sie können vor allem in der Anfangs- oder Gewöhnungsphase eine nützliche Hilfe sein. Eine gute Passung der Prothese erhöht die Adhäsion. Beim Halt der Prothese in der Gebrauchsphase – also nach der Gewöhnung an die Prothese – spielt dann besonders die den Mund umgebende Muskulatur eine wichtige Rolle. Der Patient lernt, die Prothese mit seiner Muskulatur und der Zunge »festzuhalten« und unbewusst zu stabilisieren. Es ist also schon ein wenig Geduld notwendig, um mit den »Dritten« umgehen zu lernen.

Nicht nur Mode: Implantate

Wenn ein Zahn komplett gezogen werden muss, weil er zum Beispiel keine ausreichend stabile Verbindung zum Kieferknochen mehr hat, ist eine Überkronung der Lücke nicht mehr möglich. In solchen Fällen kann ein Zahnimplantat helfen, die Zahnlücke wieder zu schließen. Einfacher formuliert: Der Zahnarzt bohrt ein Loch in den Kiefer, setzt dort eine Hohlschraube ein, die festwächst und darauf kann man einen künstlichen Zahn befestigen. Fachlicher formuliert: Bei Zahnimplantaten wird eine künstliche Zahnwurzel aus Metall im Kieferknochen verankert, die als Unterbau für den eigentlichen Zahnersatz dient. Der Nachteil von Zahnimplantaten ist die aufwändige operative Methode, die auch mehr Risiken mit sich bringt. Der Eingriff zur Einsetzung von Zahnimplantaten kann vom Zahnarzt oder einem Kieferchirurgen durchgeführt werden.

Der Einsatz der Zahnimplantate läuft so ab: Vorbereitend muss der Kiefer vermessen und das Restgebiss von Karies und Parodontose befreit werden. Wenn der zu ersetzende Zahn gerade erst gezogen worden ist, sollte vor dem Eingriff eine Wartezeit von drei Monaten eingehalten werden, um die Abheilung zu gewährleisten. Beim ersten Eingriff wird anhand der angefertigten Kiefervermessungen und den Röntgenbildern eine Bohrung im Kieferknochen vorgenommen. Die künstliche metallene Zahnwurzel wird dann wie eine Schraube in diese Bohrung eingebracht. Dazu hat das Zahnimplantat ein Gewinde. Danach wird die Schleimhaut über der Bohrung wieder vernäht. Allein die Natur gibt letztlich den Zeitplan vor, den sie braucht, um eine stabile sichere Einheit mit dem Implantat zu bilden. Das Material Titan wird von den Gewebezellen so problemlos angenommen, dass sich bald eine Einheit von Knochen und neuer Zahnwurzel bildet. Aus Titan sind auch die Herzschrittmacher und die künstlichen Gelenke in der Medizin. Doch die Natur braucht ihre Zeit: Das Einheilen ist ein natürlicher Vorgang, für den man Geduld aufbringen muss: Die Natur lässt sich nicht hetzen. Mit dem ständigen Kommen und Gehen neuer Zellen (Knochen und Weichgewebe) lagern sich immer mehr Zellgruppen an das Implantat an. Nach einiger Zeit ist das Knochenfach wieder fest und die neue Zahnwurzel sitzt stabil im Kiefer. Wenn sie sicher eingeheilt ist, kann der endgültige Zahnersatz auf dem Implantat befestigt werden.

Nach etwa drei Monaten im Unterkiefer und sechs Monaten im Oberkiefer wird das Zahnimplantat wieder freigelegt und auf komplikationsfreie Einheilung hin kontrolliert. Ist der Befund zufrieden stellend, wird zunächst das Zahnfleisch so modelliert, dass es harmonisch um die Schraube herumwächst. Ist das Zahnfleisch abgeheilt, kann der eigentliche Zahnersatz auf der künstlichen Zahnwurzel befestigt werden. Dieser Aufbau – die so genannte Suprakonstruktion – wird ähnlich einer Zahnkrone vom Zahntechniker angefertigt. Anhand eines Abdrucks der Schraube und des Restgebisses wird ein Aufbau konstruiert, der sowohl den ästhetischen als auch den funktionellen Anforderungen eines Zahnes entspricht.

Material und Prognose

Für die künstliche Zahnwurzel hat sich das Metall Titan bewährt. Im Vergleich zu anderen Materialien hat es überragende mechanische und statische Eigenschaften. Titan kann deshalb den hohen Kaubelastungen besonders gut standhalten. Da Metalle sich schlecht in den menschlichen Organismus integrieren lassen und das Abwehrsystem des Körpers auf sie reagiert, wird die Oberfläche von diesem schraubenförmigen Zahnimplantat entsprechend bearbeitet. Die Suprakonstruktion besteht meist aus einem Metallkern mit einer Keramikverschalung, um zum einen den Stabilitätsansprüchen und zum anderen den ästhetischen Anforderungen zu entsprechen.

Es gibt rund hundert unterschiedliche Implantatsysteme, um die individuellen Gegebenheiten im Mund des Patienten berücksichtigen zu können. Im Wesentlichen sind sich aber alle ähnlich: Was Sie hier lesen, trifft auf alle Varianten zu. Implantate sind in der Regel aus stabilem und biologisch verträglichem Titan. Das Material ist gewebefreundlich und löst selbst bei Allergikern keine Unverträglichkeiten aus.

Der Verlauf einer Implantatoperation

In der Regel wird für den Einbau eines Implantats die geschlossene Decke der Mundschleimhaut geöffnet. Dann höhlt der Zahnarzt mit einem speziellen Bohrer das für das Implantat genau passende Knochenfach aus. Ist die Stelle ausreichend vorbereitet, wird das Implantat eingesetzt und die Mundschleimhaut wieder geschlossen. Rund drei bis sechs Monate brauchen Körper und Implantat, um fest miteinander zu verwachsen. Ein Provisorium ermöglicht während dieser Zeit das Kauen und Sprechen. Ist das Implantat eingeheilt, wird – wieder unter lokaler Betäubung – die Mundschleimhaut direkt über dem Implantat geöffnet und ein »Pfosten« auf die künstliche Wurzel gebracht, entweder zementiert, geklebt oder verschraubt. Darauf sitzt dann – ebenfalls fest verbunden – die Zahnkrone. In einigen Zahnarztpraxen wird heute oft von »Sofortbelastung« gesprochen: Ein Implantat soll innerhalb weniger Stunden fest sitzen können. Hier ist noch Zurückhaltung angesagt. Derzeit werden solche Methoden erst getestet – sie gelten noch nicht als gesichertes Verfahren.

Wann ist ein Implantat sinnvoll ...

Zuerst einmal sollte klar sein: Kein Zahnersatz ist so gut wie die eigenen Zähne – das Interesse sollte also vor allem der Gesunderhaltung der natürlichen Zähne dienen und erst im Notfall, wenn ein eigener Zahn verloren ist, einem Zahnersatz. Generell gilt: Je mehr eigene Zähne vorhanden sind, umso komfortabler kann der Zahnersatz dann sein. Für viele der klassischen Zahnersatzlösungen sind eigene Zähne als Stützen unentbehrlich – das ist bei Implantaten anders: In der Regel kann jeder einzelne Zahn, der verloren ist, durch einen einzelnen »Ersatzzahn« ausgeglichen werden, ohne dass ein Nachbarzahn benötigt wird oder gar abgeschliffen werden muss. Eine Brücke kann sich allein auf Implantate stützen – oder auf eine Trägerkombination von Implantat einerseits und natürlichem Zahn andererseits. Implantate machen Sinn – für Gesundheit und Komfort.

... und wann nicht?

Manche Krankheiten oder gesundheitliche Belastungen sind ein Risiko, zum Beispiel:

- Diabetes mellitus in besonders schweren Fällen
- ständige Einnahme bestimmter Medikamente (zum Beispiel Psychopharmaka, Blutgerinnungsmedikamente)
- Strahlungstherapie an Kopf und Hals
- durch Krankheit oder Alter eingeschränkte Fähigkeit zur Mundhygiene.

Auch manche individuellen Angewohnheiten sind riskant, wie etwa starkes Rauchen, übermäßiger Alkoholkonsum, mangelhafte Mundhygiene oder einfach nicht genug Geduld.

Der Kieferknochen muss gesund sein: Eine bestehende Zahnbettentzündung (Parodontitis) muss zuvor ausheilen. Und fest muss er sein: Reicht die Knochenmenge nicht aus, muss sie aufgebaut werden. Um den Einheilprozess nicht zu stören, sollte man in den ersten Tagen

- die Implantatstelle nicht belasten, auch nicht durch das Provisorium
- keine harte Nahrung kauen
- nicht rauchen und auch anstrengende körperliche Belastung vermeiden.

Schließlich handelt es sich um eine Operationswunde, die geschont werden muss. In Einzelfällen können weitere Vorsichtsmaßnahmen notwendig sein, die mit dem Implantologen besprochen werden. Um Infektionen zu vermeiden, sollte man

- bei der Mundhygiene schonend, aber effektiv vorgehen: anfangs reicht eine antibakterielle Mundspülung,
- nach und nach vorsichtig mit der Zahnbürste nachputzen und an der Implantatstelle sanft, aber sorgfältig die Beläge entfernen,
- später wieder ganz normal die elektrische oder Handzahnbürste benutzen und wirklich nie vergessen.

Auch wenn es manchen Patienten verwundert: Letztlich ist es auch eine Frage der Qualität der Mundhygiene und damit der Vermeidung von bakteriellen Infektionen durch Zahnbelag, ob ein Implantat im Mund bleibt oder nicht. Individuelle Hygienetipps gibt es in allen prophylaxeorientierten Zahnarztpraxen und natürlich auch bei Ihrem Implantologen.

Eine normale Mundpflege reicht ganz eindeutig nicht aus: In Zahnbelägen leben eine Menge Bakterien. Solange diese bakteriell belasteten Beläge regelmäßig entfernt werden, bevor es zu Schäden an Zähnen oder Zahnfleisch kommt, bleibt das biologische Gleichgewicht in der Mundhöhle erhalten. Sobald die Plaquebakterien in der Überzahl sind und sich weiter vermehren, besteht das Risiko von Karies und Infektionen des Zahnbettes. Ein entzündetes Zahnbett ist ein erhebliches Risiko für den Verlust des Implantats!

Als Hilfsmittel dienen Zahnseide, Superfloss, Interdentalbürste und Zahnhölzchen. Denn die normale Zahnbürste reicht nicht aus, auch keine noch so moderne elektrische, weil sie nicht in die Zahnzwischenräume hineinkommt. Mit Zahnseide, Interdentalraumbürste und Zahnhölzchen können die bakteriellen Beläge zwischen den Zähnen beseitigt werden. Eine Munddusche ist nicht geeignet für Implantate und kein Ersatz für Zahnreinigung!

Bleichen

Das Bleichen oder Weißen von Zähnen oder eine Zahnaufhellung ist inzwischen eine anerkannte Methode zur Aufhellung der Zahnfarbe. Dies gehört zu den »kosmetischen Verrichtungen« und wird deshalb von keiner Krankenkasse gezahlt.

Die natürliche Zahnfarbe erfährt im Laufe des Lebens durch innere und besonders äußere Einflüsse erhebliche Veränderungen, sie ändert sich. Dies kann durch bestimmte chemische Reaktionen wieder rückgängig gemacht werden, wobei der eigentliche Wirkungsmechanismus bis heute noch nicht in allen Einzelheiten geklärt ist. Man nimmt an, dass Wasserstoffperoxid aufgrund seines niedrigen Molekulargewichts in der Lage ist, durch Schmelz und Dentin zu verändern und freie Radikale zu produzieren, welche wiederum Verfärbungen durch Oxidation in farblose Moleküle umwandeln.

Gelblich-bräunliche Altersverfärbungen reagieren gut auf eine Bleichanwendung; bläulich-schwärzliche Verfärbungen sind oft sehr hartnäckig; Zähne älterer Patienten und Zähne mit einem geringeren Gelbanteil sprechen generell schlechter auf Aufhellungstherapien an als Zähne jüngerer Patienten mit einem hohen Gelbanteil. Tetrazyclinflecken können gemildert, nicht aber vollständig beseitigt werden. Auf dem Markt befindet sich eine Vielzahl von Produkten, welche sich aber in ihrem eigentlichen Wirkstoff kaum unterscheiden und meist in 10-prozentiger Konzentration gereicht werden.

Ehe man sich dazu entschließt, seine Zähne künstlich aufhellen zu lassen, ist es sinnvoll, erst einmal zu prüfen, ob das Originalweiß nicht schön genug ist. Dazu verhilft eine professionelle Zahnreinigung, die heute in fast allen Zahnpraxen angeboten wird. Schon dabei wird ein aufhellender Effekt erzielt, der allein mit der Zahnbürste nur schwer zu erreichen ist. Davon unabhängig ist auch vor einem Bleichvorgang eine Reinigung zumindest der aufzuhellenden Zähne erforderlich, denn aufgelagerte Verunreinigungen ergeben unbefriedigende Ergebnisse; viele Zahnarztpraxen lehnen deshalb ein Bleichen ohne vorherige Reinigung ab.

WISO rät

Viele Patienten wünschen sich eine »schneeweiße« Zahnfarbe, welche auch durch entsprechend intensive Methoden erzielt werden könnte – in der Realität sollte aber höchstens um zwei bis drei Farbstufen aufgehellt werden, um nicht das Resultat des Bleichvorgangs als unnatürlich hell erscheinen zu lassen.

Zum Bleichen lebender Zähne werden unterschiedliche Techniken und Vorgehensweisen angewandt:

Bleichen zu Hause

In der Zahnarztpraxis wird nach einem individuellen Abdruck der zu bleichenden Zahnreihen eine Trägerschiene angefertigt, auf welche Sie als Patient ein handelsübliches Bleichgel nachts auftragen – und zwar etwa acht Stunden etwa fünf- bis zehnmal. Konzentriertere Präparate kommen auch mit stundenweisen Anwendungen aus. Die Anwendung erfolgt also zu Hause, meist mit 10-prozentiger Carbamidperoxid-Konzentration– nach entsprechender vorheriger Instruktion in einer Zahnarztpraxis. Auch Bleachingmethoden, die von Ihnen als Patient selbst mit OTC-Produkten, mit Bleaching-Gels oder Pflastern, durchgeführt werden können, werden immer beliebter. Eine Studie zeigte, dass dabei die Aufhellung um eine Vita-Zahnfarbe erreicht werden kann. Nicht zuletzt aufgrund des günstigen Preises und der einfachen Durchführbarkeit greifen immer mehr Patienten zu den in verschiedenen Formen erhältlichen Produkten, die meist Peroxidverbindungen enthalten.

Eine andere Methode bedient sich mit in 5,3-prozentigem Peroxidgel getränkten Kunststofffolien. Die Folie wird von Ihnen als Patienten zweimal täglich für 30 Minuten – nach zahnärztlicher Unterweisung – auf den Zähnen befestigt. Diese Methode ist preislich interessant, da die Anfertigung einer Trägerschiene entfällt. Ein neues, in den USA bereits verfügbares Bleichmittel wird wie »Tipp-ex« auf den Zahnschmelz aufgetragen. Der enthaltene Wirkstoff ist für 30 Minuten aktiv, der Lack wird dann weggeputzt oder heruntergeschluckt. Die Bleichergebnisse sollen bei geringen Nebenwirkungen sehr gut sein.

Bleichen in der Praxis

In einer Zahnarztpraxis kann unter fachmännischer Vorbereitung und Kontrolle mit weit höheren Konzentrationen (ungefähr 30-prozentig) gearbeitet werden, was den Bleichvorgang erheblich beschleunigt. Diese Verfahren eignen sich besonders bei stärkeren Verfärbungen, wobei beim Behandlungsstuhl-Bleichen (der Patient bleibt, wie der Name sagt, bei der gesamten Behandlung auf dem Stuhl sitzen) im Gegensatz zum Praxis-Bleichen (wo während des Bleichvorgangs eine Einwirkzeit mit einer Schiene als Träger im Wartezimmer verbracht wird) mit speziellen Lichtquellen wie Bestrahlungslampen, Plasmalampen oder sogar Laser das direkt aufgetragene Bleichmittel kurzzeitig aktiviert wird. Das Peroxid zerfällt und der dabei entstehende aktive Sauerstoff entfaltet unter Reaktionshitze seine Bleichwirkung. Da diese Bleichmittelkonzentrationen für die nähere Umgebung des Zahnfleisches nicht ungefährlich sind, werden besondere Schutzmaßnahmen wie etwa ein Kofferdamm oder Zahnfleischverbände eingesetzt.

Da die Zahnstrukturen bei diesen Bleichverfahren stärker belastet werden, sollte unmittelbar nach der Behandlung eine »Härtung« des Schmelzes mit Fluoriden erfolgen; dieses Vorgehen setzt auch eine mögliche und vorübergehende Überempfindlichkeit der Zähne herab.

Diese Verfahren sind bei Knirschen oder bei Patienten mit Kiefergelenksproblemen besonders geeignet, da es durch das Tragen der Bleichgelschiene zu weiteren Störungen kommen kann, oder bei Patienten, die sich durch das längere Tragen einer Schiene belästigt fühlen.

Internes Bleichen

Zähne, bei denen der Zahnnerv abgestorben ist, nehmen gern mit der Zeit eine gräuliche Verfärbung an. Hierbei wird nun die Verfärbung mit stärkeren Konzentrationen (30 Prozent) einer Wasserstoffperoxid- und/oder Natriumperborat-Lösung von innen heraus wieder aufgehellt. Der Zahnarzt eröffnet dazu das obere Gebiet des ehemaligen Zahnnervs und bringt die Aufhellungssubstanz für eine gewisse Zeit dorthin ein.

Sind Bleichverfahren ungefährlich?

In einer Zeit, in der vornehmlich Sicherheit in allen Dingen gefordert wird, wurde natürlich auch die Sicherheit der Bleichmethoden sorgfältig untersucht und – abgesehen von wenigen Nebenwirkungen – für gut befunden. So wurde zum Beispiel berichtet, dass zwei- bis sechswöchentliches Bleichen mit Nachtschienen und 10-prozentigem Carbamidperoxid zu einer Zahnsensibilisierung bei 55 bis 75 Prozent der Patienten führte. Dieselbe klinische Doppelblindstudie ergab aber auch, dass 20 bis 30 Prozent der Patienten bei Placeboanwendung und sogar 15 Prozent der Kontrollpersonen, die nur die leere Bleichschiene trugen, über Empfindlichkeiten klagten! Wenn eine Überempfindlichkeit bei der Behandlung mit einer Schiene auftritt, kann dieses Gerät auch dazu verwendet werden, solche Symptome durch Einfüllen einer desensibilisierenden Zahnpaste zu bekämpfen. Nach circa 10 bis 30 Minuten im Mund lässt die Sensibilität meist nach. Sollte das Problem andauern, kann die Empfehlung helfen, Dauer und/oder Häufigkeit der Bleichsitzungen zu reduzieren und zwischenzeitlich desensibilisierende Zahnpasten zu verwenden.

Schäden auf Zahnschmelz, Dentin, Pulpa, Gingiva, Magenschleimhaut, Füllungs- und Verblendmaterialien wurden bisher bei sachgemäßer Anwendung klinisch nicht beobachtet; so zeigt eine Studie an gezogenen Zähnen zwar nach Bleichen mit einem 10-prozentigen Carbamidperoxidgel mikrostrukturelle und chemische Veränderungen, die aber klinisch nicht von Bedeutung sein sollen; andere Untersuchungen kommen zu gegenteiligen Resultaten. Lediglich in den ersten Tagen kann durch die bleachingbedingte Austrocknung des Zahnes und der Veränderungen an der Schmelzoberfläche ein erhöhtes Temperaturempfinden eintreten. Die Verwendung eines Kaliumnitrat-Fluorid-Gels, welches nach dem eigentlichen Bleichvorgang auf die Schiene aufgebracht wird, reduziert etwaige Überempfindlichkeiten erheblich.

WISO rät

Gewarnt werden muss vor Bleichmitteln für den Hausgebrauch – häufig von Drogerien und dem Internet-Versandhandel angeboten, welche ohne zahnärztliche Überwachung benutzt werden: Bei unsachgemäßer Anwendung oder falscher Indikation kann mehr Schaden als Nutzen entstehen! Besonders das Zahnfleisch reagiert bei nicht sachgemäßer Anwendung empfindlich.

Günstiger Finanzieren

Viele Menschen scheuen die Zahnbehandlung beim Zahnarzt nicht nur wegen der schmerzhaften Zahnbehandlung, sondern auch wegen der zu erwartenden Kosten. Dabei ist nicht jede Zahnbehandlung mit Kosten für den Patienten verbunden. Die meisten eher schlichten zahnmedizinischen Behandlungen werden über die Chipkarte mit den Krankenkassen abgerechnet (siehe Liste unten). Erst wenn Zahnbehandlungen über bestimmte Leistungen hinausgehen oder einen Zahnersatz einschließen, wird auch der Patient zur Kasse gebeten. Deutsche Dentallabors bieten Zahnersatz fast ausschließlich zu gleichen Preisen an, nach der so genannten Einheitspreisliste (BEL II). Aber es gibt immer mehr Anbieter, die Verträge mit ausgewählten Krankenkassen geschlossen haben und in der Lage sind, auch bedingt durch geringere Lohnkosten im Ausland, Ihren Zahnersatz bis zu 40 Prozent günstiger zu fertigen. Denn außer in Labors in Deutschland fertigen diese Anbieter in Laboratorien im Ausland, beispielsweise in Singapur, China, Rumänien oder der Türkei. Teilweise wird sogar der europäische Standard garantiert, die so genannte ISO-9001-Zertifizierung.

WISO hat in diesem Kapitel aber zuerst einmal Informationen zusammengetragen, die es Ihnen erleichtern sollen, sich einen Überblick über Kostenübernahme, Kassenleistungen und Finanzierungsmöglichkeiten zu verschaffen.

Die Leistungen der Krankenkassen

Welche Zahnbehandlung übernommen wird, ist gesetzlich festgelegt. Wer mit einem Loch zum Zahnarzt geht, muss nicht zwangsläufig damit rechnen, dass einige Tage später eine hohe Rechnung ins Haus flattert. Auch wenn die Leistungen der Krankenkassen aus Kostengründen stetig abnehmen, ist die Grundversorgung der Zähne gesichert. Erst wenn ein Zahnersatz nötig oder eine bestimmte Füllung gewünscht wird, die über die oben beschriebene Regelversorgung hinausgeht, muss der Patient privat dazuzahlen. Eine Zahnbehandlung, die der Verhütung, Erkennung und Therapierung von Zahn-, Mund- und Kieferkrankheiten dient, wird zum Teil komplett von den gesetzlichen Krankenkassen übernommen. Die Krankenkasse zahlt weiterhin voll:

- regelmäßige Vorsorgeuntersuchungen
- Zahnfleischbehandlungen
- Füllungen mit Amalgam (bei Schneidezähnen auch Kunststoff)
- Ziehen von Zähnen
- lokale Betäubungen
- notwendige Röntgenaufnahmen
- Zahnprophylaxe bei Kindern und Jugendlichen.

Maßnahmen, die außerhalb dieser Standardleistungen liegen, sind meist zuzahlungspflichtig oder müssen sogar komplett vom Patienten bezahlt werden. Zu diesen Maßnahmen gehören zum Beispiel:

- Kunststoff- und Keramikfüllungen
- Inlays
- Zahnkronen, Implantate
- Zahnbrücken

Vor einer solchen Zahnbehandlung erstellt der Zahnarzt einen Heil- und Kostenplan, in dem die geschätzten Kosten für Zahnarzthonorar und Dentallabor aufgelistet sind. Dieser Plan muss auch genaue Informationen darüber enthalten, welche Kosten der Zahnbehandlung von der Krankenkasse übernommen werden und welche der Patient selbst zahlen muss. Zahnersatz, der in die so genannte Regelversorgung fällt, wird mit festen Summen von den Krankenkassen bezuschusst. Verschönerungsarbeiten, wie etwa die Verblendung von Backenzähnen mit Kunststoff oder Keramik, gehören allerdings nicht zur Standardversorgung und müssen komplett privat bezahlt werden. Wer bei der Kostenfrage auf Nummer sicher gehen will, sollte bei der eigenen Kasse erfragen, welche Leistungen übernommen werden.

Übersicht: Was Zahnersatz jetzt kostet

Die wichtigsten Fragen schon einmal vorweg: Was die Krankenkassen jetzt noch bei der Zahlung übernehmen (siehe auch den Abschnitt *Die Festzuschüsse* im Anhang).

Ist für Zahnersatz weiter ein Heil- und Kostenplan nötig?
Ja. Wer Geld von der Krankenkasse will, der muss vor Behandlungsbeginn wie in der Vergangenheit vom Zahnarzt einen Heil- und Kostenplan aufstellen und von der Krankenkasse genehmigen lassen.

Werden Keramikverblendungen von der Kasse bezahlt?
Die Kasse zahlt den Festzuschuss für die Metallkrone und für die Verblendung an sichtbaren Zahnflächen, also im Vorderzahnbereich. Wer auch bei Backenzähnen eine Keramikverblendung wünscht, muss die Mehrkosten dafür selbst tragen. So kostet zum Beispiel die Metallkrone für einen Backenzahn 230 Euro. Die Kasse zahlt

115 Euro Festzuschuss, 115 Euro trägt der Patient. Eine Krone mit Vollverblendung kostet circa 400 Euro, die Kasse zahlt weiterhin 115 Euro, der Patient 285 Euro.

Kostet vergleichbarer Zahnersatz bundesweit das Gleiche oder gibt es regionale Preisunterschiede?
Da es sich bei Kassenleistungen annähernd um bundesweite Einheitspreise handelt, gibt es nur sehr kleine Preisunterschiede. Sowohl bei Zahntechnikern als auch bei Zahnärzten gelten bundesweite Gebührenordnungen.

Wie werden Implantate jetzt abgerechnet?
Bei solch höherwertigen Leistungen darf der Zahnarzt einen Teil seiner Arbeit nach dem »privaten Leistungsverzeichnis« (GOZ) abrechnen. Die Honorarsätze liegen deutlich über denen der Krankenkassen. Diese Mehrkosten muss der Patient tragen. Der Zahnarzt rechnet mit dem Patienten direkt ab. Den bewilligten Festzuschuss bekommt der Versicherte dann anschließend von seiner Kasse zurück.

Was gilt nun für Härtefälle?
Härtefallpatienten haben grundsätzlich weiter Anspruch auf eine Regelversorgung – ohne selbst etwas zuzahlen zu müssen. Das bedeutet: Die Kasse zahlt die gesamten Kosten, also den doppelten Festzuschuss. Extras außerhalb der Regelversorgung werden aber nicht übernommen und müssen selbst gezahlt werden.

Wer kommt in den Genuss der Härtefallregelung?
Eine unzumutbare Belastung liegt vor, wenn die monatlichen Einnahmen zum Lebensunterhalt 2005 bei Allein-

stehenden unter 966 Euro liegen, mit einem Angehörigen 1328,25 Euro, mit jedem weiteren Angehörigen zusätzlich 241,50 Euro. Ebenfalls von Zuzahlungen zur Regelversorgung befreit sind Empfänger von Sozialhilfe, Arbeitslosengeld II, Ausbildungsförderung oder Leistungen der Kriegsopferfürsorge. Auch wer im Pflegeheim lebt, fällt unter die Härtefallregelung, wenn die Sozialhilfe das Heim bezahlt.

Braucht man noch das Bonusheft?

Auf jeden Fall. Wer sich in den letzten fünf Jahren mindestens einmal jährlich von einem Zahnarzt hat untersuchen lassen, bekommt zusätzlich 20 Prozent Bonus. Dieser Prozentsatz bezieht sich allerdings nicht auf die gesamten Kosten, sondern auf den Festzuschuss von 50 Prozent. Das bedeutet, wie schon in der Vergangenheit, 60 Prozent Zuzahlung zu den Gesamtkosten. Wer zehn Jahre Vorsorge nachweisen kann, bekommt weitere 5 Prozent Bonus. Die gesamte mögliche Erstattung der Regelversorgung durch die Kasse liegt somit unterm Strich bei insgesamt 65 Prozent der Gesamtkosten.

Bekomme ich den Festzuschuss auch, wenn ich mir den Zahnersatz im Ausland machen lasse?

Zwar gilt seit 1. Januar 2004 freie Arztwahl in allen EU-Staaten. Bei Zahnersatz, Krankenhausbehandlungen oder Kuren muss aber vorher die Zustimmung der Kasse vorliegen. Bei Zahnersatz ist deshalb auch vor der Auslandsbehandlung der von der Kasse bestätigte Heil- und Kostenplan nötig. Dann weiß man, welche Kosten die Kasse übernimmt, und kann abschätzen, ob sich der Zahnarztbesuch im Ausland lohnt.

Wie erfolgt die Verrechnung einer Auslandsbehandlung?
Der Patient bezahlt zunächst die gesamte Rechnung und rechnet dann mit der Kasse ab. Die erstattet die Kosten, die sie laut Heil- und Kostenplan bestätigt hat. Die Rechnung sollte möglichst detailliert alle Behandlungen enthalten.

Die Kostenfaktoren

Das *zahnärztliche Honorar* wird bei der Regelleistung ausschließlich nach dem BEMA, bei gleichartiger Versorgung nach BEMA und GOZ und bei andersartigen Formen nach der GOZ berechnet. Die BEMA-Beträge sind fest mit den Krankenkassen vereinbart; die GOZ kennt als Mittelwert den 2,3-fachen Steigerungssatz und erlaubt mit schriftlicher Begründung den 3,5-fachen Satz. Zusätzlich sind »freie Vereinbarungen« möglich. Insofern können sich bei Versorgungsformen, bei denen die GOZ Teil- oder Vollgrundlage ist, entsprechende Abweichungen ergeben. Auch der Gesetzgeber hat diese freie Kalkulationsmöglichkeit im Sozialgesetzbuch V verankert.

Zu beachten ist bei den Steigerungssätzen, dass die GOZ ohne preisliche Anpassung des Punktwertes aus dem Jahr 1988 (!) stammt. Eine Zahnarztpraxis muss von den Honoraren sämtliche Betriebskosten (Gehälter, Mieten, Investitionen und so weiter) bezahlen und diese sind in den letzten 18 Jahren erheblich gestiegen. Sollten sich während der Behandlung nicht Änderungen ergeben oder ein veränderter Schwierigkeitsgrad bei der geplanten Leistung eintreten, so kann das Honorar relativ sicher vorausberechnet werden. Es gibt keine Vorschrift, dass ein bestimmter Steigerungssatz angewandt werden muss.

Die Kosten für die zahntechnische Anfertigung, die so genannten *Laborkosten*, sind in die Festzuschüsse nach einem statistischen Durchschnitt mit eingerechnet. Kommt Metall zur Anwendung, so ist die Grundlage der Festzuschüsse immer eine nichtedelmetallhaltige Legierung (NEM). In der Praxis werden derartige Metalle aber wenig angewandt. Goldhaltige Legierungen werden als biologisch sicherer angesehen, sind aber erheblich teurer (je nach Gehalt zwischen 20 und 25 Euro pro Gramm) und müssen selbst getragen werden (auch bei Härtefällen). Je nach Größe und Gewicht des Zahnersatzes kann hierdurch ein deutliches Mehr an Eigenkosten entstehen. Zu beachten ist weiterhin, dass eine Vollverblendung das Edelmetallgewicht der Zahnersatzarbeit vermindert und so positive Effekte auf die Kosten hat. Für die Abrechnung zahntechnischer Leistungen existieren in Deutschland zwei Preislisten – zum Teil mit regionalen Schwankungen. Bei der Aufstellung des Heil- und Kostenplans (HKP) – also vor der Behandlung – können derartige Kosten anhand von Erfahrungswerten nur geschätzt werden. Für die Gesamtkosten entscheidend ist aber die tatsächliche Abrechnung nach Lieferung (Angabe dieser Kosten durch eine vorangestellte » ~ « = individuelle Schwankung beziehungsweise erst bei Endabrechnung genau möglich).

Neben den Laborkosten fallen in der zahnärztlichen Praxis zusätzliche *Materialkosten* an, welche – vertraglich geregelt – gesondert berechnet werden. Hierunter fallen zum Beispiel Kosten für das Abdruckmaterial oder das Implantat als Fertigteil, Materialien zur provisorischen Versorgung des präparierten Zahnes, Schrauben und Stifte für Aufbauten und vieles mehr. Auch derartige Nebenkosten können je nach Technik und eingesetztem Material die Endkosten in nicht unerheblichem Ausmaß beeinflussen (Angabe dieser Kosten ebenfalls durch eine vorangestellte » ~ « = individuelle Schwankung beziehungsweise erst bei Endabrechnung genau möglich).

Je nach Höhe des Bonus (0, 20 oder 30 Prozent) fallen die Festzuschüsse verschieden aus. Statistisch sollen die verbleibenden Kosten, die der Versicherte selbst zahlen muss (= Eigenanteil) ohne Bonus 50 Prozent betragen. Dies bezieht sich aber immer auf eine Versorgung ohne eine goldhaltige Legierung (siehe oben). Härtefälle sind bei der Regelversorgung im Prinzip von Zuzahlungen befreit, sofern es sich ausschließlich um Leistungen nach dieser Versorgungsart handelt. Werden andere Versorgungsformen gewählt, übernimmt die Krankenkasse diese Mehrkosten nicht.

Deutlich zeigt sich bei dem weiter unten dargelegten preislichen Anhaltswert, dass die Wahl der Verarbeitung und der Materialien (Laborkosten, Materialkosten in der Praxis, Edelmetall oder NEM) entscheidend für die Preisstruktur sind. Ebenfalls zeigt es sich, dass regelmäßige, jährliche zahnärztliche Untersuchungen (Höhe des Bonus) nicht unerheblich dazu beitragen, die Eigenkosten zu senken.

Beispiel
Vollgusskrone aus goldhaltiger Legierung auf einem großen Backenzahn

Versorgungsart	Regelversorgung, Befundklasse 1.1
Honorar Zahnarzt (ausschließlich nach BEMA)	119,29 €
Laborkosten (incl. Edelmetall)	~ 200,– €
Materialkosten	~ 33,– €
Gesamtkosten	~ 352,29 €
Festzuschuss: 0, 20, 30 % Bonus	115,27 €, 138,32 €, 149,85 €
Eigenanteil: 0, 20, 30 % Bonus	*~ 237,– €, ~ 213,– €, ~ 174,– €*

Kosten gestalten

Jeder Zahnarzt hat einen Ermessensspielraum, was sein Honorar und die Auswahl des Zahnlabors betrifft. Vor einer Zahnersatzbehandlung muss er den Patienten über die zu erwartenden Kosten informieren. Der dazu erstellte Heil- und Kostenplan ist kostenlos (es sei denn, es handelt sich ausschließlich um Privatleistungen) und vergleichbar mit einem Kostenvoranschlag beim Handwerker.

Als mündiger Patient müssen Sie sich nicht mit dem erstbesten Angebot zufrieden geben. Sie können mehrere Zahnärzte aufsuchen und dann die Angebote vergleichen – wie Sie es sicher auch beim Handwerker tun würden. Vielleicht ist Ihr Zahnarzt auch eher zu Preisverhandlungen bereit, wenn Sie ihm ein günstigeres Angebot der Konkurrenz vorlegen können. Dasselbe gilt für Laborkosten: Auch diese können Sie vergleichen! Einige Labore stellen sich dem verschärften Wettbewerb und bieten den Patienten an, den Heil- und Kostenplan des Zahnarztes im Bereich »Laborkosten« mit den eigenen Leistungen zu vergleichen. Vergleichen Sie dabei nicht nur den Preis, sondern auch die verwendeten Materialien und Technologien. Bitten Sie Ihren Zahnarzt auch um den Kostenvoranschlag des Labors, denn darauf sind die Laborleistungen genauer als im Heil- und Kostenplan aufgeführt. Wenn Sie ein günstigeres Laborangebot als das Ihres Zahnarztes gefunden haben, bitten Sie ihn, Ihren Zahnersatz dort zu bestellen. Er kann frei wählen, mit welchem Labor er zusammenarbeitet.

Worauf Sie bestehen sollten: Erweiterte Garantie

Gute Labors sollten Ihnen eine Garantie einräumen, die weit über die gesetzlich vorgeschriebene Gewährleistungsfrist von zwei Jahren hinausgeht, nämlich bis zu fünf Jahre! Gute Labore arbeiten ausschließlich mit hochwertigen, in Deutschland zugelassenen Materialien. Das seit Mitte 1998 verbindliche Medizinproduktegesetz sollte durch die Anwendung CE-zertifizierter Markenprodukte gewährleistet sein. Alle verwendeten Werkstoffe und deren genaue Bestandteile stehen normalerweise detailliert auf der Konformitätserklärung, die Sie mit Ihrem Zahnersatz erhalten. So ist auch nach vielen Jahren noch nachzuvollziehen, welche Materialien für Ihren Zahnersatz verwendet wurden.

Zahnarztvergleich

Wenn Sie größeren Zahnersatz brauchen, lohnt sich in jedem Fall ein Vergleich von Angeboten von verschiedenen Zahnarztpraxen. Lassen Sie sich zuerst von Ihrem Zahnarzt beraten. Gehen Sie dann zu anderen Zahnärzten, und stellen Sie immer die gleichen Fragen:

- Welcher Befund liegt vor (zum Beispiel eine Zahnlücke)?
- Welche Behandlungsmöglichkeiten gibt es (zum Beispiel Brücke, Implantat)?
- Welche Vor- und Nachteile haben diese Behandlungsmöglichkeiten?
- Welche Kosten entstehen bei den verschiedenen Behandlungsmöglichkeiten?

Lassen Sie sich jeweils einen Heil- und Kostenplan erstellen. Bestehen Sie auch auf dem Kostenvoranschlag des Zahnlabors. Benennen Sie ganz exakt, welchen Zahnersatz in welcher Ausführung Sie wollen, also zum Beispiel welche der vielen verschiedenen Legierungen für Ihre Krone Sie wünschen. Der Plan enthält wichtige Detailangaben über die Materialzusammensetzung Ihres Zahnersatzes und ist entscheidend für Ihren Preisvergleich. Dies an irgendwelche Vorbehandlungen oder sonstige Bedingungen zu knüpfen ist illegal!

Mit diesem Heil- und Kostenplan und Ihren genauen Detailvorstellungen gehen Sie nun zu verschiedenen Zahnärzten. Verlangen Sie erneut von jedem Zahnarzt nicht nur seinen eigenen Heil- und Kostenplan, sondern immer auch den Kostenvoranschlag des Zahnlabors. Nur so lässt sich schlüssig nachvollziehen, welche Materialien zum Einsatz kommen. Denn eine Vollkeramikkrone aus Zirkoniumoxid durch eine Krone aus Presskeramik preislich zu unterbieten ist kein Problem. Und würden Sie als Patient das merken?

Fordern Sie den Zahnarzt auf, zumindest Ihren Zahnersatz bei einem günstigen Zahnlabor anfertigen zu lassen. Das Argument, der Zahntechniker müsse vor Ort sein, trifft nur bedingt bei komplizierten Arbeiten an den Frontzähnen zu. Für die Krone im Backenzahnbereich ist dies meist unnötig. Auf Basis dieser Angaben sollten Sie eine Entscheidung treffen.

WISO rät

Den ersten Heil- und Kostenplan auf Basis reiner Kassenleistungen erstellen lassen. So sehen Sie exakt, welche minimalen Gebühren ein Zahnarzt berechnen würde, beispielsweise für das Beschleifen eines Zahnes bei einer Krone (BEMA). Erst danach – quasi nach nochmaligem Nachdenken – entscheiden Sie sich für die bessere, hochwertige Versorgung. Damit haben Sie das Zahnarzthonorar gut unter Kontrolle, denn der Aufwand für die Vorbereitung einer Vollkeramikkrone ist beim Zahnarzt nicht höher als für eine Presskeramikkrone.

Internet und Versteigerungen

Eine unkonventionelle, aber für die Internet-Gesellschaft vielleicht zeitgemäße Variante ist, den Heil- und Kostenplan zur Versteigerung im Internet freizugeben. Dabei unterbieten sich Zahnärzte aus Ihrer Region gegenseitig. Welcher der drei günstigsten Bieter letztlich den Zuschlag bekommt, bestimmen Sie selbst. Alles läuft wie bei eBay anonym ab.

Ein Beispiel: Im August stellte ein Mann zwischen 30 und 40 Jahren aus Berlin seinen Heil- und Kostenplan ins Internet. Für die benötigten drei vollverblendeten Metall-Zahnkronen betrug der Kostenvoranschlag seines Hauszahnarztes 1345 Euro. Fünf Gebote zwischen 1030 und 615 Euro wurden von Berliner Zahnärzten abgegeben. Der günstigste bekam von ihm den Zuschlag. Wie bei eBay kann jeder die Bewertungen der anderen Kunden einsehen, deshalb lohnt sich ein Blick auf die laufenden Auktionen und die Meinungen der Patienten.

Auch wenn Sie solch eine Auktion nicht in Erwägung ziehen: Es wird deutlich, wie groß der finanzielle Spielraum bei Zahnarzthonoraren ist. Zahnersatzauktionen sind wie bei *www.2te-zahnarztmeinung.de*, *www.zahnangebot.de* oder *www.heil-kostenplan.de* anonym und kosten – wenn überhaupt – nur eine geringe Gebühr.

Egal für welche Sparmöglichkeit Sie sich entscheiden, grundsätzlich gilt: Vertrauen ist gut, Kontrolle ist besser. Kommt Ihnen der Kostenvoranschlag überhöht vor, können Sie eine zweite Meinung einholen. Erste Anlaufstelle sollte dabei Ihre Krankenkasse sein. Sie können auch einen anderen Zahnarzt aufsuchen, der einen zweiten Heil- und Kostenplan erstellt.

Außerdem gibt es Patientenberatungsstellen bei den Kassenzahnärztlichen Vereinigungen (KZV) und den regionalen Verbraucherzentralen, die Fragen zur laufenden Behandlung kostenlos beantworten und Heil- und Kostenpläne prüfen (vgl. die Adressen im Anhang). Seit 2005 muss im Heil- und Kostenplan verzeichnet sein, in welchem Land der Zahnersatz gefertigt wird.

Zahnersatzversteigerung sittenwidrig?

Auf der Internet-Domain *www.2te-zahnarztmeinung.de* können Patienten ihre Heil- und Kostenpläne für Zahnersatz einstellen und Zahnärzte durch »Unterbieten« der Gesamtkosten die Durchführung der ZE-Behandlung »ersteigern«. Wer den »Zuschlag« erhält, ist vertraglich verpflichtet, 10 Prozent des »Ersteigerungserlöses« an den Betreiber des Portals abzuführen. Was anfänglich als weitere exotische Eskapade auf dem bunten Markt des WWW erschien, zeitigt nun erste Konsequenzen. Wegen offenbar hoher Frequentierung dieser Internetseiten sah sich die Zahnärztekammer Westfalen-Lippe (ZÄK W-L) veranlasst, unmissverständliche Warnungen auszusprechen. Nach Auffassung der ZÄK W-L »verstößt die Inanspruchnahme dieses Angebotes durch Zahnärzte insbesondere gegen § 8 Abs. 1 (ordnungsgemäße Gebührenberechnung), § 9 Abs. 2 (Unkollegialität) und § 20 Abs. 1 (berufswidrige Werbung) der in Westfalen-Lippe gültigen Berufsordnung«. Weiter heißt es in zwei Infobriefen des Kammervorstandes: »Hier wird aus rein kommerziellen Gründen heraus Handel mit Patienten betrieben, was wir für sittenwidrig erachten. Die Ausstellung von Heil- und Kostenplänen, ohne den Patienten persönlich untersucht zu haben, erachten wir darüber hinaus als unseriös und kann einer Berufsausübung, die sich am Patientenwohl zu orientieren hat, nicht gerecht werden. Wir raten daher dringend davon ab, sich an solcherart ›Versteigerungen‹ zu beteiligen und kündigen an, berufsrechtliche Maßnahmen gegen diejenigen Zahnärzte zu ergreifen, die dies dennoch tun.«

Und die Methode macht anscheinend Schule: Jüngst ist ein neuer »Kostenkiller« im Netz aufgetaucht: Unter dem Namen »Zahnersatz: Müller« wird unter der Adresse *www.zahnersatz-mueller.de* eine neue Möglichkeit des Kostensparens angepriesen. Das Prinzip: Sie lassen sich den Heil- und Kostenplan aus Ihrer Zahnarztpraxis geben, gehen dann ins Internet und geben die Kürzel des Befundes in das Zahnschema der Internetseite ein, und der Anbieter rechnet dann die Laborkosten aus. Nun gehen Sie wieder zu Ihrer Zahnarztpraxis und bestehen auf Lieferung aus diesem Labor. Wir sind gespannt, was Ihr Zahnarzt dann zu Ihnen sagt, denn gegen Zahnersatz aus einem Labor, welches Ihr Zahnarzt nicht kennt, haben die meisten Praxen etwas, auch wenn die Qualität noch so gut sein mag. Erstens brauchen die meisten Praxen mit einem ihnen unbekannten Dentallabor eine nicht unbeträchtliche Einarbeitungszeit. Und zweitens muss Ihr Zahnarzt für den gesamten Zahnersatz geradestehen, da wird er meist darauf bestehen, dass dieser dort gearbeitet wird, wo er es für richtig hält.

Kosten senken durch günstigeres Labor in Deutschland

Hochwertiger Zahnersatz lässt sich preiswert und günstig kaufen. Senken Sie Ihre Kosten erheblich, indem Sie mitbestimmen, welches Zahnlabor Ihr Zahnarzt beauftragt – denn es sind Ihre Kosten. Bei der Versorgung mit Zahnersatz entfallen auf die zahntechnischen Leistungen (Laborkosten) häufig über 50 Prozent der Gesamtkosten. Ursache der hohen Kosten sind nicht zuletzt die satten Preise vieler Zahnlabors in Deutschland.

Um ein willkürliches Steigen der Preise zu verhindern, vereinbarten die Krankenkassen mit den Innungen der Zahntechniker eine so genannte Höchstpreisliste (BEL II). Doch leider wurden zum 1. Januar 2004 und nochmals zum 1. Januar 2005 viele höherwertige Zahnversorgungen aus der Liste gestrichen. Hochwertige Leistungen wie Implantate, Veneers, Inlays, Geschiebe, Teleskope, Galvanotechnik, Stege, Riegel, Anker, Vollkeramik, keramische Vollverblendungen, Freiendbrücken oder gar ästhetische und individuelle Lösungen sind heute nicht mehr oder waren noch nie darin enthalten. Die in der BEL II verbliebene einfache Grundversorgung aus Metall wird dennoch von vielen Laboren zu Höchstpreisen abgerechnet. Im Klartext: Der Höchstpreis ist der Standardpreis.

Es gibt Zahnlabors, die in Deutschland einen neuen, anderen Weg beschreiten. Diese Labors verstehen sich nicht als Erfüllungsgehilfe des Zahnarztes, sondern als gleichwertiger Partner. Beide, Zahnarzt und Zahnlabor, haben sich als Team eine optimale und gleichzeitig preiswerte Versorgung des Patienten zum Ziel gesetzt. Einige Zahnlabors haben Teile ihrer Fertigung ins Ausland verlegt, was die Kosten senkt, aber nicht die Qualität vermindert. Die Gewährleistung wurde von zwei auf bis zu fünf Jahre erhöht. Auch der Verband der Angestelltenkrankenkassen (VdAk) beschreitet diesen Weg.

Leider wollen viele Zahnärzte an ihren bisherigen Dentallabors festhalten. Ein Schelm, der Böses dabei denkt. Sollte auch Ihr Zahnarzt dazu gehören, versuchen Sie zuerst mit ihm zu verhandeln. Argumentieren Sie: Es geht nicht um seine Vorlieben oder Geschäftsverbindungen, sondern um Ihre Kosten – um einige Hundert oder sogar Tausend Euro, die Sie sparen können. Erwähnen Sie die fünfjährige Gewährleistung (in Deutschland sonst nur zwei Jahre) und die oft schon jahrelange Präsenz der Zahnlabors am deutschen Markt. Schließlich handelt es sich nicht um eine fachliche Kritik an seinen Fähigkeiten als Arzt, sondern um die betriebswirtschaftliche Frage von Preis und Leistung – und Sie allein bezahlen den Preis.

Um nicht gänzlich Schiffbruch zu erleiden, präsentiert sich mancher Zahnarzt als »edler Retter deutscher Arbeitsplätze« oder argumentiert schlicht mit seinen Prinzipien, an denen er festhalte.

WISO rät

Wenn alles nichts hilft: Wechseln Sie den Zahnarzt!

Genau genommen erhält der Arzt für seine Leistungen ein Honorar, das Zahnlabor berechnet die Laborkosten. Bleibt die Frage, welches Interesse Ihr Zahnarzt an hohen Einnahmen des Zahnlabors haben könnte? Der Zahnmediziner, der Ihre berechtigten Wünsche einfach ignoriert, war vielleicht doch nicht der richtige Arzt Ihres Vertrauens. Denn gerade blindes Vertrauen hat vom ZDF aufgedeckte Zahnersatzskandale wie Globudent mit ermöglicht!

WISO rät

Lassen Sie sich beim Verhandeln also nicht abschrecken. Wer zahlt, bestimmt!

Beim skandinavischen Nachbarn Dänemark liegt der Anteil des im Ausland produzierten Zahnersatzes schon bei über 80 Prozent. Und wohl niemand käme auf die Idee, ein Opel oder Porsche sei schlechter, weil ein Zulieferer im Ausland fertigen lässt.

Fragen Sie nach!

Auf den ersten Blick äußerst verlockend erscheinen Sorglospakete von Vermittlern, die einen pauschalen Preisvorteil von 50, 60 oder gar 70 Prozent im Ausland versprechen. Doch Vorsicht! Wofür genau steht der Preis? 70 Prozent von was? Verlangen Sie gerade hier detaillierte Auskunft. Ist beispielsweise in den Kosten für ein Implantat auch das Honorar des implantierenden Chirurgen enthalten inklusive Betäubung und Röntgenbildern, oder sind dies Extrakosten? Welche Materialien von welchen Herstellern kommen zum Einsatz? Sind Nachbehandlungen nötig? Falls ja, wo finden diese statt? Vor einer Entscheidung sollten Sie immer auf einer exakten Aufschlüsselung aller Kostenfaktoren bestehen, das so genannte Kleingedruckte sorgfältig lesen, denn es geht schließlich um nichts Geringeres als Ihre Gesundheit und Ihr Geld.

Kassenzahnärzte in Deutschland sind verpflichtet, einen Heil- und Kostenplan (Kostenvoranschlag) kostenlos zu erstellen, wenn dieser Kassenleistungen enthält. Dies an irgendwelche Vorbehandlungen oder sonstige Bedingungen zu knüpfen ist illegal! Im Ausland ist er in der Regel ebenfalls kostenlos.

Lassen Sie sich alle Einzelbehandlungen genau auflisten und erklären, und fragen Sie nach den Kosten. Gerade dann, wenn Sie selbst bezahlen und quasi Privatpatient sind, sollten Sie darauf bestehen. Nur auf dieser Basis ist ein echter Preis-Leistungs-Vergleich möglich und auch sinnvoll. Ihr neues Auto kaufen Sie doch auch nicht ohne den Preis zu vergleichen. Was ist bei teurem Zahnersatz anders? Fragen Sie weiter nach:

- Gibt es verlängerte Garantiezeiten (Garantiepass)?
  Innerhalb der EU sind zwei Jahre vorgeschrieben, aber mancher Zahnarzt gibt auch mehr.
- Welche Materialien wurden verwendet (Konformitätserklärung)?
  Nach dem deutschen Medizinproduktegesetz muss Ihnen jeder Zahnarzt in Deutschland eine Konformitätserklärung über Ihren Zahnersatz aushändigen, und zwar ungefragt. Sie enthält eine exakte Aufstellung aller Inhaltsstoffe. Der Herstellungsort Ihres Zahnersatzes muss auf der Rechnung vermerkt sein (zum Beispiel: China)! Auch im Ausland sollten Sie darauf bestehen.
- Welche Technologien werden eingesetzt (Wissensstand)?
  Lassen Sie sich den geplanten Zahnersatz detailliert erklären. In Deutschland dürfen nur CE-zertifizierte Materialien verwendet werden. Sicherheitsdatenblätter müssen für alle Materialien vorliegen. Auch im Ausland sollten Sie darauf achten.

- Fragen Sie nach hochwertigen Alternativen wie Galvanotechnik, Implantaten, Vollkeramik und individueller Totalprothetik. Qualität kann nur preiswert oder günstig sein, aber niemals billig.

Zahnbehandlung in der Uni-Zahnklinik

Eine preiswerte Alternative zu Ihrem Zahnarzt sind Universitätskliniken. Wer in einer Universitätsstadt wohnt und für eine Kostenersparnis einen höheren Zeitaufwand in Kauf nimmt, für den ist der Gang zu einem Universitätsklinikum eine interessante Alternative zur Zahnarztpraxis. Sie werden hier von Studenten der höheren Semester im Rahmen von Patientenkursen behandelt. Dies geschieht unter permanenter Kontrolle von erfahrenen Zahnmedizinern, die jeden Teilschritt der Zahnbehandlung vorher und nachher genau überprüfen. Die Qualität kann sogar besser sein als bei Ihrem Zahnarzt, da vier oder sechs Augen mehr sehen als nur zwei. Das Sparpotenzial ist enorm, variiert aber von Klinik zu Klinik. Einige Zahnkliniken berechnen nur die reinen Materialkosten, andere auch verminderte Anfertigungskosten. Ein Kostenvoranschlag (Heil- und Kostenplan) der Zahnklinik gibt Aufschluss über das genaue Sparpotenzial. Dies ist bereits beim ersten unverbindlichen Besuch nach der Untersuchung durch einen der Oberärzte möglich.

Entscheiden Sie sich für eine Behandlung, so kann der Beginn einige Tage bis mehrere Monate dauern, denn die Studentenkurse finden nur während des Semesters statt. Ein weiterer Nachteil besteht im höheren Zeitaufwand, denn jeder Arbeitsschritt der Studenten wird durch verschiedene Oberärzte genau kontrolliert und nicht immer sind die sofort zufrieden. Doch angesichts der günstigen Preise kann der höhere Zeitaufwand durchaus vertretbar sein.

Zahnklinik-Adressen

Ort	Telefon	Adresse
Uniklinikum Aachen	(02 41) 80 44 44	Pauwelsstr. 30 52074 Aachen
Uniklinikum Berlin Charité	(0 30) 4 50 50	Schumannstr. 20–21 10117 Berlin
Uni-Zahnklinik Bonn	(02 28) 2 87 24 14	Welschnonnenstr. 17 53171 Bonn
Uniklinikum Dresden	(03 51) 4 58 28 12	Fetscherstr. 74 01307 Dresden
Uniklinikum Düsseldorf	(02 11) 8 11 81 00	Moorenstr. 5 40225 Düsseldorf
Uni-Zahnklinik Erlangen	(0 91 31) 8 53 36 32	Glückstr. 11 91054 Erlangen
Uni-Zahnklinik Frankfurt/M.	(0 69) 63 01 75 03	Theodor-Stern-Kai 7 60590 Frankfurt
Uni-Zahnklinik Freiburg	(07 61) 2 70 47 01	Hugstetter Str. 55 79106 Freiburg
Uni-Zahnkliniken Gießen	(06 41) 9 94 61 00	Schlangenzahl 14 35392 Gießen
Uniklinikum Göttingen	(05 51) 3 90	Robert-Koch-Str. 40 37075 Göttingen
Uniklinikum Greifswald	(0 38 34) 8 60	Fleichmannstr. 8 17475 Greifswald
Uniklinikum Halle	(03 45) 55 70	Ernst-Srube-Str. 40 06097 Halle/Saale
Uniklinikum Hamburg	(0 40) 42 80 30	Martinistr. 52 20246 Hamburg
Uniklinikum Hannover	(05 11) 5 32 47 93	Carl-Neuberg-Str. 1 31725 Hannover

Ort	Telefon	Adresse
Uni-Zahnkliniken Heidelberg	(0 62 21) 56 73 01	Im Neuenheimer Feld 400 69120 Heidelberg
Uniklinikum Homburg/Saar	(0 68 41) 1 60	Kirrberger Str. 66424 Homburg/Saar
Uni-Zahnkliniken Jena	(0 36 41) 9 35 41	An der alten Post 4 07743 Jena
Uni-Zahnklinikum Kiel	(04 31) 5 97 28 74	Arnold-Heller-Str. 16 24105 Kiel
Uni-Zahnkliniken Köln	(02 21) 4 78 47 48	Kerpener Str. 32 50931 Köln
Uni-Zahnklinik Leipzig	(03 41) 9 72 10	Nürnberger Str. 57 04103 Leipzig
Uni-Zahnkliniken Mainz	(0 61 31) 17 30 41	Augustusplatz 2 55131 Mainz
Uni-Zahnkliniken Marburg	(0 64 21) 2 86 32 00	Georg-Voigt-Str. 3 35039 Marburg
Uni-Zahnkliniken München	(0 89) 51 60 32 01	Goethestr. 70 80336 München
Uni-Zahnlinik Münster	(02 51) 8 34 70 38	Waldeyerstr. 30 48149 Münster
Uniklinikum Regensburg	(09 41) 94 40	Franz-Josef-Strauß-Allee 11, 93053 Regensburg
Uniklinikum Rostock	(03 81) 49 40	Schillingallee 35 18057 Rostock
Uni-Zahnklinik Tübingen	(0 70 71) 2 98 21 57	Osianderstr. 2–8 72076 Tübingen
Uni-Zahnkliniken Ulm	(07 31) 5 00	Albert-Einstein-Allee 11 89070 Ulm
Uni-Zahnklinik Würzburg	(09 31) 2 01 20 00	Pleicherwall 2 97070 Würzburg

Komplette Behandlung im Ausland

Zahnersatz ist im Ausland häufig deutlich preiswerter zu erhalten als bei uns in Deutschland. Die Gründe sind offensichtlich: Vor allem niedrigere Löhne, billigere Raummieten und die geringeren Laborkosten bei der Herstellung von Kronen, Brücken oder Inlays senken die Preise. Inzwischen kann man vergleichbare Qualitätsstandards für Zahnersatz in den alten und neuen EU-Staaten finden, aber auch in der Türkei, in Thailand oder in China, nicht zuletzt bei dort ansässigen europäischen oder amerikanischen Zahnärzten.

Zur Rechtslage: Jeder EU-Bürger darf sich in allen Mitgliedstaaten der EU zahnärztlich behandeln lassen. Seit dem 1. Mai 2004 gilt dies selbstverständlich auch für die zehn neuen EU-Länder. Da in Ungarn oder Polen der Zahnersatz teilweise bis zu 70 Prozent günstiger ist, haben sich viele Bürger bereits zuvor dort behandeln lassen. Nach der EU-Osterweiterung ist es nun auch möglich, Teile der Kosten von der eigenen Krankenkasse zurückzuerhalten – zu den üblichen Sätzen einer Behandlung in Deutschland.

Ob Zahnklinik oder Zahnimplantate, viele Angebote finden sich in den Medien von Zahnärzten auf Mallorca, in Tschechien und Ungarn. Vergleicht man die Preise für Zahnersatz in Deutschland mit den Kosten für Zahnersatz im Ausland, fällt auf, dass besonders die Länder im Osten weitaus billiger produzieren. Ob Zahnimplantate, Zahnklinik oder Zahnoperation: Der Preisunterschied ist so groß, dass es sich auch schon in der Vergangenheit für deutsche Patienten lohnte, Zahnärzte in Tschechien, Polen oder Ungarn aufzusuchen, obwohl sich die gesetzlichen Krankenkassen bis 2004 nicht an den anfallenden Kosten beteiligten. Mit der EU-Osterweiterung im Mai 2004 sind die deutschen Kassen sogar verpflichtet, Zahnersatz im EU-Ausland zu bezuschussen. Damit ist für deutsche Patienten eine Zahnklinik in Osteuropa oder Zahnersatz im Ausland finanziell noch attraktiver geworden.

WISO rät

Überdenken Sie vorher gründlich, ob Sie die wertvollsten Wochen des Jahres in Zahnarztpraxen verbringen wollen. Trotz aller Ersparnis, auch Erholung ist sehr wichtig!

Nicht zu vergessen: Ihre Reisekosten. Wenn Sie wirklich im Urlaub sind, können Sie diese Kosten vernachlässigen. Fahren Sie nur wegen der Zahnbehandlung, müssen Sie die Reisekosten hinzurechnen. Für ein Implantat muss zwei- bis dreimal ein Hotel gebucht werden. Für die Implantate, Voruntersuchung, den Knochenaufbau, die eigentliche Implantation, das Freilegen der Implantate nach Einheilung, die Herstellung des Zahnersatzes, und das Einsetzen des Zahnersatzes vergeht leicht eine Gesamtdauer von sieben Monaten!

Seit Mai 2004 gehören Tschechien, Ungarn und Polen zur Europäischen Union. Deshalb gelten nun auch für diese Länder die gleichen Regeln für die Zahnersatzerstattung wie für andere EU-Länder:

- Für eine ambulante Arztbehandlung im EU-Ausland muss der Patient keine Genehmigung mehr von der Krankenkasse einholen.
- Vor der Behandlung muss sich der Patient einen Heil- und Kostenplan erstellen lassen, den er bei der Krankenkasse einreicht.
- Die Krankenkassen bezuschussen den Zahnersatz nach den für Deutschland üblichen Sätzen.
- Für die zusätzlichen Kosten, die durch den Verwaltungsaufwand für die Kostenabwicklung im Ausland anfallen, muss der Versicherte selbst aufkommen.

Wer glaubt, Zahnersatz aus dem Ausland sei deswegen kostengünstiger, weil minderwertigere Materialien verwendet werden, irrt. Auch in Polen, Tschechien und Ungarn können Materialien verwendet werden, die dem deutschen Standard entsprechen. Am besten werden sie sogar aus Deutschland bezogen, um der Skepsis deutscher Patienten zu begegnen.

Stellen sich bei einem ausländischen Zahnersatz Mängel ein, muss der Patient erst eine aufwändige und teure Reise auf sich nehmen, um den Zahnersatz beim Hersteller nachbessern zu lassen. Viele Patienten befürchten deshalb, dass solcher Zahnersatz weniger sorgsam gefertigt wird, weil der ausländische Zahnarzt darauf hofft, dass der Patient diesen Reiseaufwand nicht auf sich nimmt.

WISO rät

Suchen Sie Zahnkliniken, die sich auf deutsche Kunden eingestellt haben und eine mehrjährige Garantie anbieten. Diese sollte auch die Kostenerstattung für Anfahrt und Unterkunft beinhalten. Wer eine Zahnklinik aufsucht, die so eine Garantie gewährt, kann deshalb relativ sicher sein, dass der gefertigte Zahnersatz qualitativ höchsten Ansprüchen genügt. Oder Sie suchen Anbieter, die mit deutschen Vertragszahnärzten zusammenarbeiten, die die Nachsorge und die Gewährleistung übernehmen.

Wie bei fast allen Produkten aus Osteuropa werden die Kosteneinsparungen durch die niedrigen Arbeitslöhne erzielt. Zum einen sind die Lohnnebenkosten in Polen, Tschechien und Ungarn erheblich geringer, zum anderen liegen die Löhne – wegen der niedrigen Kosten zum Lebensunterhalt – erheblich unter vergleichbaren Löhnen für deutsche Fachkräfte. Außerdem kommen Zahnärzte und Zahnkliniken meist mit weniger Personal aus. Besonders der geringere bürokratische Aufwand ermöglicht Personaleinsparungen in der Verwaltung. Dies senkt die Betriebskosten erheblich. Für deutsche Patienten sind die Kosteneinsparungen also nicht mit Nachteilen verbunden.

Studie: Katastrophaler ausländischer Zahnersatz

Aber es gibt auch deutliche Warnungen vor Zahnersatz aus dem Ausland. Für den Zeitraum vom 1. Januar 2001 bis 31. Oktober 2002 wurden insgesamt 60 vom Medizinischen Dienst der Kassen (MDK) Rheinland-Pfalz begutachtete Auslandsbehandlungen ausgewertet. Dabei wurden drei Behandlungen in EU-Ländern (5 Prozent), 32 Behandlungen in der Türkei (53 Prozent) und 25 (43 Prozent) in östlichen Nicht-EU-Ländern durchgeführt. Insgesamt wurden dabei 81 Brücken, 76 Einzelkronen, neun Teilprothesen, elf kombinierte festsitzend/herausnehmbare Versorgungen, acht Totalprothesen sowie elf Füllungen begutachtet. Von den begutachteten 81 Brücken entsprachen 47 den deutschen Richtlinien für eine ausreichende, zweckmäßige und wirtschaftliche Versorgung, eine mängelfreie Versorgung konnte jedoch lediglich bei zwölf dieser Brücken konstatiert werden. Bei drei Brücken bestand sogar generell eine fragliche Notwendigkeit der Anfertigung. Als Mängel fielen vor allem auf: deutlich tastbare Kronenränder, eine fehlerhafte, den Einschluss von Fremdbestandteilen oder Verunreinigungen (Okklusion), Frühkontakte, Hyperbalancen oder fehlende Gegenbezahnung, fehlerhafte technische Anfertigung, parodontale Pfeilerzähne, röntgenologisch nicht erhaltungswürdige Pfeilerzähne, Karies an Kronenrändern sowie die Anfertigung von Brücken mit zu vielen Brückengliedern oder zu langen Spannen. Aufgrund der gefundenen Mängel wurde von der zahnärztlichen Gutachterin des MDK Rheinland-Pfalz eine Neuanfertigung der Zahnersatzversorgung in 53 Prozent der Fälle (43 Brücken) als notwendig erachtet.

Bei den begutachteten 76 Einzelkronen bestand bei 97 Prozent eine fragliche Notwendigkeit für ihre Anfertigung. Hier musste konstatiert werden, dass offensichtlich im Ausland eine Überversorgung erfolgte, da bei der Nachbegutachtung ein erheblicher Zweifel an der Indikation für die Überkronung dieser Zähne bestand. In diesen Fällen lag der Verdacht nahe, dass aus ästhetischen Gründen Zähne im sichtbaren Bereich überkront wurden, welche keinen prothetischen Therapiebedarf aufwiesen. Eine zwingende Notwendigkeit für eine Neuanfertigung wegen qualitativer Mängel zeigte sich bei elf der 76 begutachteten Einzelkronen (15 Prozent). Fazit: Die angefertigten Arbeiten waren vor allem bei den festsitzenden Versorgungen qualitativ unzureichend und mit nicht unerheblichen Mängeln behaftet.

Auslandszahnersatz: Wie geht's?

Folgende Punkte sollten vor einer Zahnersatzbehandlung im Ausland beachtet werden, zumal dann, wenn Ihre gesetzliche Krankenkasse zuzahlen soll. Wenn diese Punkte berücksichtigt werden, sind böse Überraschungen fast ausgeschlossen.

In jedem Fall ist mehr Eigeninitiative notwendig. Erörtern Sie die Vor- und Nachteile einer Zahnbehandlung im Ausland mit Ihrem Zahnarzt, oder suchen Sie eine zahnärztliche Beratungsstelle auf.

Die meisten ausländischen Ärzte stellen sich mit einer eigenen Homepage im Internet vor. In Ungarn finden Sie Zahnarztpraxen in Hotels und Einkaufszentren. Auch einige Krankenkassen informieren über Zahnärzte im Ausland.

Bei der Wahl der ausländischen Zahnklinik oder des Zahnarztes sollte darauf geachtet werden, dass eine unkomplizierte Kommunikation gewährleistet ist. Es sollte also deutschsprachiges Personal vorhanden sein. Außerdem sollte auf den Zahnersatz eine mindestens zweijährige Garantie gegeben werden. Im besten Fall hat die Zahnklinik/der Zahnarzt einen deutschen Partner, bei dem Nachbesserungen vorgenommen werden können. Der Patient sollte sich über Anfahrt und Unterbringung informieren. Viele Zahnkliniken und Zahnärzte im Ausland bieten eine eigene Unterbringung an oder sind bei der Vermittlung von Übernachtungsmöglichkeiten behilflich.

Lassen Sie von Ihrem Zahnarzt zu Hause immer einen Heil- und Kostenplan erstellen. Er umfasst alle notwendigen Schritte für die geplante Versorgung und ist kostenlos, wenn er Kassenleistungen enthält. Bei reinen Privatleistungen kostet er circa 10 bis 20 Euro. Legen Sie den Kostenplan vorher Ihrer Krankenkasse zur Genehmigung vor, sonst kann es Ärger mit dem Zuschuss geben. Anschließend schicken Sie den Heil- und Kostenplan an verschiedene ausländische Zahnärzte und lassen sich auf dieser Grundlage einen eigenen Heil- und Kostenplan erstellen. Der Kostenvoranschlag sollte auf Deutsch oder eventuell auch auf Englisch erstellt werden. Das ist schriftlich, per E-Mail oder persönlich möglich. Vergleichen Sie exakt Behandlungsleistungen und verwendete Materialien. Bei umfangreichen Arbeiten legen Sie möglichst aktuelle Röntgenbilder Ihrer Zähne bei (zum Beispiel Panoramabild). Sie haben ein Recht auf Herausgabe Ihrer Röntgenbilder, müssen den Empfang quittieren und die Bilder innerhalb von sechs Monaten an den Zahnarzt zurückgeben. Dies erleichtert dem ausländischen Zahnarzt seine Beurteilung und die Vorbereitung der Behandlung. Lassen Sie sich zusätzlich einen Zeitplan erstellen, der alle notwendigen Schritte umfasst (wichtig für Ihre Urlaubsplanung).

Verlangen Sie detaillierte Auskunft über die Preise, um besser vergleichen zu können. Ist beispielsweise in den Kosten für ein Implantat auch das Honorar des implantierenden Chirurgen enthalten inklusive Betäubung und Röntgenbilder, oder sind dies Extrakosten? Welche Materialien von welchen Herstellern kommen zum Einsatz? Sind Nachbehandlungen nötig? Falls ja, wo finden diese statt? Vor einer Entscheidung sollten Sie immer auf einer exakten Aufschlüsselung aller Kostenfaktoren bestehen, das so genannte Kleingedruckte sorgfältig lesen, denn es geht schließlich um nichts Geringeres als Ihre Gesundheit und Ihr Geld.

Legen Sie diesen zweiten Kostenplan ebenfalls Ihrer Krankenkasse vor, und lassen Sie sich beraten.

Achtung!

Der ausländische Plan muss den deutschen Richtlinien entsprechen, damit er von der gesetzlichen Krankenkasse akzeptiert wird.

Bitten Sie gegebenenfalls den Zahnarzt, seine Kostenaufstellung den deutschen Normbestimmungen anzupassen. Die Krankenkasse stimmt in der Regel zu und übernimmt damit 50 bis 65 Prozent der Behandlungskosten. Beide Seiten, Krankenkasse und Sie, sparen. Kassenzuschüsse für Zahnersatz gibt es nur bei ambulanten Behandlungen innerhalb der EU. Die gesetzliche Krankenkasse kann für den angeblich »höheren« Verwaltungsaufwand einen Abschlag abziehen. Zusätzlich wird die Praxisgebühr von 10 Euro abgezogen.

Lehnt Ihre Kasse ab, geben Sie nicht gleich auf. Verweisen Sie auf Urteile des Europäischen Gerichtshofs EuGH (Az.: C-120/95, C-158/96 oder C-385/99). Danach ist jede gesetzliche Kasse verpflichtet, ambulante Behandlungen im EU-Ausland zu bezahlen, die sie auch in Deutschland bezahlt hätte. Wunder wirkt auch eine Beschwerde beim zuständigen Ministerium, oder drohen Sie mit einer Klage vor dem zuständigen Sozialgericht. (In der ersten Instanz ist diese Klage für Sie kostenlos.)

Ist die Bezahlung geklärt, vereinbaren Sie einen Behandlungstermin. Lassen Sie eventuelle Entzündungen im Mundraum oder Parodontose vorher behandeln, da Zahnersatz vor einer Ausheilung nicht eingesetzt werden kann. Auf Zahnersatz erhalten Sie in Deutschland zwei Jahre Garantie. Ausländische Zahnärzte gewähren bis zu fünf Jahre Garantie. Verlangen Sie in jedem Fall eine gleichwertige, schriftliche Garantie von mindestens zwei Jahren nach deutschem Recht. Verlangen Sie vom Zahnarzt einen Legierungspass oder eine Konformitätserklärung für Ihren Zahnersatz. Dieses Dokument schlüsselt die Materialzusammensetzung exakt auf. Am sichersten ist es, CE-geprüfte Materialien zu verlangen. Für Implantate heißt dieses Dokument Implantatpass, in dem Marke, Material und Maße vermerkt werden. Es sollten nur gängige Implantate verwendet werden. Achten Sie darauf, keinen Vordruck zu erhalten, auf dem der Arzt nur mehr oder weniger wahllos ankreuzt. Auch Name und Adresse des Zahnlabors sollten Ihnen bekannt sein.

Um nicht ständig ins Ausland reisen zu müssen, haben einige ausländische Zahnärzte Abkommen mit deutschen Zahnärzten geschlossen, die Sie im Notfall oder bei kleineren Nachbesserungen kostenlos aufsuchen können. Nehmen Sie genügend Geld mit. Anders als in Deutschland muss jede Zahnbehandlung im Ausland sofort bar bezahlt werden. Die anteilige Kostenerstattung durch Ihre Krankenkasse erfolgt erst nachträglich.

WISO rät

Eine Kostenbeteiligung Ihrer Kasse bei Behandlungen in Nicht-EU-Staaten ist möglich, zum Beispiel im Rahmen eines Sozialversicherungsabkommens, aber eben nicht Pflicht.

Sie benötigen keine Erlaubnis der Krankenkasse, die Behandlung im EU-Ausland vornehmen zu lassen, wenn sie *ambulant* erfolgt, also akut plötzlich nötig wird, ohne dass dies vorher absehbar war (Urteil des Europäischen Gerichtshofs EuGH, Az.: C-385/99). Aber Achtung: Dieser akute Anlass wird bei Ihrem Hauszahnarzt kontrolliert.

Von den gesetzlichen Kassen nur in Ausnahmefällen bezahlt werden Inlays, Implantate oder der Austausch alter Amalgamfüllungen gegen unbedenkliche Materialien. Hier können Sie im Ausland richtig sparen. Eine Top-Sparoase ist auch Thailand. Da auch viele kostengeplagte Amerikaner und Australier diesen Dentalservice nutzen, gibt es hier hohe Qualität zu äußerst günstigen Preisen. Viele Zahnmediziner haben an europäischen oder amerikanischen Universitäten studiert und arbeiten nach diesen Standards. Der Urlaubstrip in die Tropen inklusive Zahnbehandlung ist fast immer billiger als der bloße Zahnersatz zu Hause.

Bei Ärger

Das Sparpotenzial ist zwar sehr hoch – selbst bei einfachen Kronen oder Brücken können Patienten mehrere Hundert Euro sparen. Doch es bleibt das Problem der Gewährleistung. Wer kommt für Nachbesserungen im Ausland auf? In Deutschland gilt bei Zahnbehandlungen eine Gewährleistungsfrist von zwei Jahren auf Material und Leistung. Sie als Patient müssen unbedingt dafür sorgen, dass Sie diese Gewährleistung auch im Ausland bekommen. Dies geschieht entweder über Verträge der Krankenkassen mit ausländischen Ärzten oder über einen Vertrag, den der Patient selbst mit einem Arzt abschließt. Hat der Patient keine Gewährleistung und nimmt bei Mängeln oder Nachbehandlungen die Hilfe eines Arztes in Deutschland in Anspruch, so muss er die Kosten häufig selbst tragen.

Achtung!

Haftungsrechtlich gibt es in den Staaten der EU kein gemeinsames Recht! Die gesetzlichen Grundlagen sind in den meisten dieser Staaten zwar mit Deutschland vergleichbar, aber die Regelungen zum Schadenersatz und zum Schmerzensgeld können sehr verschieden zum deutschen Recht sein. Wenn auch nach der Verbraucherrichtlinie ein Haftungsfall bei einem deutschen Patienten vor einem deutschen Gericht zu beurteilen ist, so lässt sich diese Zuständigkeit durch geschickte Vertragsgestaltung umgehen und die Ansprüche müssen im jeweiligen EU-Land geltend gemacht werden. Außerhalb der EU besteht weder diese Schutzfunktion noch sind die gesetzlichen Grundlagen ähnlich. Ärzte haften dann nur nach dem Recht des Praxissitzes – und dieses kann nach deutscher Auffassung völlig unzureichend sein!

Um dieses Problem zu umgehen, hat die AOK Brandenburg als bisher einzige Krankenkasse in Deutschland eine Kooperation mit polnischen Zahnärzten geschlossen. Med Polska, eine Tochtergesellschaft der Münchener Medent, behandelt die AOK-Patienten zu deutschen Konditionen und polnischen Preisen. Ist der Heil- und Kostenplan von der Kasse genehmigt, zahlt die AOK direkt an die Med Polska. Die polnischen Ärzte garantieren der AOK nicht nur zwei Jahre Gewährleistung, sondern auch einen deutschen Gerichtsstandort im Fall einer Klage, so die AOK Brandenburg. Aber nicht immer sind die Angebote im Ausland tatsächlich günstiger. So sind beispielsweise Porzellankronen oder Acrylhypothesen in Polen zwei- bis dreimal billiger als in Deutschland. Titanimplantate unterscheiden sich jedoch kaum im Preis.

Die Juristen des Europäischen Verbraucherzentrums (EVZ) sind eine erstklassige Adresse, wenn es bei Einkäufen oder Dienstleistungen (auch Zahnbehandlungen) im EU-Ausland zu Problemen kommt. Jeder Verbraucher kann sich kostenlos an das EVZ in Kiel, das EVZ in Gronau bei Düsseldorf oder bei Problemen in

Frankreich an Euro-Info in Kehl wenden. In jedem EU-Land wurde eine eigene Clearingstelle geschaffen für Fälle, bei denen eine gütliche Einigung mit dem Dienstleister nicht erreicht werden kann. Um gerichtliche Auseinandersetzungen im Ausland zu verhindern, vermitteln diese eine geeignete Schlichtungsstelle. Ein Vorgehen, das fast immer funktioniert.

Europäische Verbraucherzentren

EVZ Kiel
Willestr. 4–6
24103 Kiel
Tel. (04 31) 9 71 93 50
Fax (04 31) 9 71 93 60

EVZ Gronau
Enscheder Str. 362
48599 Gronau
Tel. (0 18 05) 83 72 72
Fax (0 25 62) 7 02 47

Euro-Info Verbraucher e. V.
Kinzigstr. 22
77694 Kehl
Tel. (0 78 51) 9 91 48-0
Fax (0 78 51) 9 91 48-11

Die Zahnersatz-Zusatzversicherung

Seit die gesetzlichen Kassen nicht mehr alles zahlen, sind inzwischen die Privatversicherungen mit Angeboten auf den Markt getreten. Wer sich in Deutschland zusätzlich zu seiner Mitgliedschaft in einer gesetzlichen Krankenversicherung privat absichern möchte, tut angesichts der Prämien gut daran, sich auf die Leistungen zu konzentrieren, die wirklich wichtig sind. Die deutschen Versicherer bieten hier neben dem Klassiker »stationäre Zusatzversicherung« gerne Tarife an, die für verschiedene kombinierte Bereiche wie Sehhilfen, Zahnersatz, Heilpraktikerleistungen und so weiter jeweils beschränkte und damit meist viel zu geringe Leistungen zur Verfügung stellen.

WISO rät

Nehmen Sie Zahnersatztarife, die sich wirklich nur allein auf das kostenintensive Thema Zahnersatz konzentrieren. Sie zahlen also nicht indirekt für mehr oder weniger unerwünschte Nebenleistungen, sondern sichern sich eine Kernleistung.

Während die meisten ambulanten Zusatztarife bei ihrer Leistung bedingungsgemäß voraussetzen, dass die gesetzliche Krankenversicherung auch leisten muss, bieten Ihnen diese Tarife ganz einfach eine prozentuale Erstattung der Kosten für Ihren Zahnersatz, und zwar in Stufen von wahlweise 20, 30 oder 40 Prozent.

Beispiel

Zahnersatzkosten insgesamt:	8500 Euro
Leistung der gesetzlichen KV:	4500 Euro
Tarifleistung Zusatztarif:	2550 Euro (bei Erstattungssatz 30 Prozent)

Das sollten Sie grundsätzlich wissen:
Die Erstattung erfolgt bis zu einem Rechnungsbetrag von 15000 Euro pro Jahr; dies ergibt bei einem Erstattungssatz von 30 Prozent also eine maximale Tarifleistung von 4500 Euro pro Jahr. In den ersten drei Jahren erfolgt die Erstattung bis zu einem Rechnungsbetrag von 3000 Euro pro Jahr.

In den ersten acht Monaten nach Vertragsbeginn werden Leistungen nur bei Unfällen erbracht (die übliche Wartezeit bei Zahnersatz).

Bereits eingeleitete oder angeratene Zahnersatzmaßnahmen sind grundsätzlich von der Leistung ausgeschlossen.

Ergänzend zu Ihrer gesetzlichen Krankenversicherung können Sie eine private Zusatzversicherung abschließen. Diese senkt den Eigenanteil bei Zahnersatzbehandlungen. Gegen einen monatlichen Beitrag deckt sie je nach Vertrag 50 bis 90 Prozent der Kosten für höherwertigen Zahnersatz ab.

Auch hier ist allerdings ein detaillierter Vergleich nötig, denn vieles wird oft nicht erstattet, wie Inlays, oder aufwändige Privatleistungen, wie Vollkeramik oder Implantate.

Ob es sich auf Dauer lohnt, einen monatlichen Beitrag zu zahlen, um für den Fall gegen teurere Zahnbehandlungen abgesichert zu sein, lässt sich nicht pauschal entscheiden. Vor Abschluss sollten Sie die Leistungen der Versicherer genau prüfen: Welche Materialien werden verwendet, wie lang ist die Wartefrist, wie viel Prozent der Kosten übernimmt die Versicherung, welche Leistungsausschlüsse gibt es? Alternativ können Sie mit den gesparten Versicherungsbeiträgen eine Rücklage bilden, auf die Sie im Fall der Fälle zurückgreifen können.

Individuelle Zahnersatz-Zusatzversicherung

Eine staatlich verordnete pauschale Zahnersatz-Zusatzversicherung für alle steht momentan politisch nicht mehr zur Diskussion. Trotzdem bieten viele private Krankenkassen auch vermehrt eine Zahnersatz-Zusatzversicherung an. Allerdings sind diese Versicherungen individuell auf den Versicherungsnehmer zugeschnitten und werden nicht pauschal anhand einer Neuregulierung erstellt. Sie bieten für den Fall eines notwendigen Zahnersatzes – zusätzlich zum Zuschuss der gesetzlichen Kassen – eine prozentuale Beteiligung an den Kosten. Wie hoch der zu übernehmende Anteil ist und ob sich die Berechnung auf die Standardbehandlung (in Zukunft Standardbefund) oder die tatsächlich anfallenden Kosten bezieht, hängt von den individuellen Versicherungsleistungen ab.

Da sich der zu zahlende Eigenanteil für den Zahnersatz auf mehrere Hundert Euro belaufen kann, ist eine Zahnersatz-Zusatzversicherung durchaus sinnvoll. Dabei sollte vor einem Vertragsabschluss genau überlegt werden, ob sich so eine Versicherung auch rentiert.

Die Beantwortung folgender Fragen ist dabei hilfreich:

- Wie hoch lagen die privaten Kosten für Zahnersatz in den letzten Jahren?
- Wie hoch wären die Einsparungen, wenn schon eine Zusatzversicherung bestehen würde?
- Wie hoch ist der jährliche Beitrag für die Zahnersatz-Zusatzversicherung?
- Wird in näherer Zukunft Zahnersatz notwendig, oder wurden die Zähne gerade erst saniert?

Private Zusatzversicherungen bieten Ersatz, aber differenzierte Leistungen

Gesetzlich Krankenversicherte erhalten von der Kasse für Zahnersatz einen Festzuschuss. Er beträgt derzeit 10 bis 30 Prozent der Regelbehandlung. Die meisten der Kassenversicherten werden jedoch bei Bedarf an Kronen, Brücken oder Prothesen in die eigene Tasche greifen müssen. Ob das viel kostet und eine schmerzliche Lücke reißt, hängt letztlich vom Einzelfall ab. Doch im Laufe seines Lebens muss jeder damit rechnen, dass ihm Zähne verloren gehen. Kein Zweifel, Eigenvorsorge ist angesagt – und dabei möchten die privaten Krankenversicherer den Kunden gerne helfen.

Zahnersatzpolice ist kein Muss

Die auf den ersten Blick niedrigen Monatsbeiträge sollten jedoch nicht zu dem Schluss führen, dass Kassenpatienten die Lücke mit einer privaten Police günstig schließen könnten. Schließlich summieren sich derzeit die durchschnittlichen Kosten für Zahnersatz bei einem gesetzlich Versicherten im Laufe seines Lebens nur auf rund 10 000 Euro. Dies schätzt die Kassenzahnärztliche Bundesvereinigung. Daher ist das versicherte Risiko relativ gering.

Profitieren könnten allerdings Kunden, bei denen sich schon relativ früh hohe Ausgaben für Zahnersatz abzeichnen. Denn je höher die tatsächlichen Kosten für Zahnersatz sind, desto eher rechnet sich der Zusatzschutz.

Kosten fallen oft erst ab 30 an

Doch in jungen Jahren ist das Gebiss noch gesund. Oft wird Zahnersatz erst ab 30 oder 40 Jahren notwendig. Dann steigt der Bedarf stetig bis zu einem Alter von 70. Das belegen Statistiken der privaten Versicherer. Alternativ bleibt den jungen Leuten bis zur ersten Krone also meist genügend Zeit, um privat Geld für Zahnersatz zurückzulegen. Dafür spricht auch, dass das Kostenrisiko für den Kunden nicht dramatisch ist: Die Ausgaben sind fast immer vorhersehbar, der Gebissersatz erfolgt peu à peu und ist auch nicht ganz so teuer, wie gemeinhin angenommen wird. Ein Muss sind die Zusatzversicherungen also nicht, vor allem wenn die Mundhygiene stimmt.

Eins sollte jedoch allen Interessenten klar sein: Auf Kosten der Versicherung kann mit der privaten Zusatzversicherung niemand sein Gebiss luxuriös sanieren lassen. Zum einen ist der Kostenanteil erheblich, zum anderen der Schutz weitgehend auf Kassenniveau beschränkt. So sind Implantate fast immer ausgeschlossen. Zahnfarbene Verblendungen von Metallkronen übernehmen die meisten Anbieter nur bis zum fünften Zahn, nicht aber an den hinteren Backenzähnen. Material- und Laborrechnungen erstatten die meisten Versicherer auf Kassenniveau.

WISO rät

Überlegen Sie, ob Sie für den Zahnersatz nicht besser eine private Rücklage bilden. Ein Muss sind die Privatpolicen nicht, vor allem wenn man ordentlich verdient oder schon etwas Geld auf der hohen Kante hat. Prüfen Sie wichtige Leistungen und Bedingungen eines Angebots.

Reichen Sie als Kunde mit einer Zusatzpolice vor jeder Behandlung unbedingt einen Heil- und Kostenplan beim Versicherer ein. Viele Gesellschaften verlangen das, und Sie vermeiden von vornherein Streit um die Erstattungen.

Verschiedenste Anbieter stehen zur Wahl

Zahlen die Krankenkassen noch für den Zahnarzt? Ja, bei regelmäßig geführtem Bonusheft zahlen sie wie bisher bis zu 65 Prozent der Regelversorgung. Niemand muss sich extra versichern, meint die Stiftung Warentest. Sinnvoll ist das allenfalls, wenn Kunden ihre Zuzahlung senken wollen oder mehr möchten als die Kassenversorgung: Inlays statt Amalgam oder Implantate statt Brücken. Wer nur die Zuzahlung drosseln möchte, findet günstigere Angebote, zum Beispiel »dent 100« des Deutschen Rings, der einen 43-Jährigen 10 Euro monatlich kostet.

WISO rät

Jetzt noch schnell einen Vertrag abzuschließen und dann das Gebiss auf Kosten der Versicherung zu sanieren, klappt nicht: Oft gelten Wartezeiten und Obergrenzen in den ersten Jahren.

Im Zuge der Gesundheitsreform müssen Patienten seit dem 1. Januar 2005 deutlich mehr zahlen, wenn sie Zahnersatz nach Wunsch haben möchten. Im vergangenen Jahr haben neben den privaten auch die gesetzlichen Krankenkassen ihren Mitgliedern zusätzliche Versicherungen offeriert. Während die monatlichen Kosten offensichtlich sind, ist der Ertrag solcher Versicherungen für die Patienten schwer durchschaubar.

Das liegt nicht zuletzt am komplizierten Abrechnungsmodus des Gesundheitssystems. Weil die Nachfrage ebenso groß ist wie die Verwirrung, hat die Stiftung Warentest die privaten Zahnzusatzversicherungen unter die Lupe genommen. Fazit: Der Kunde muss wissen, was er will. Dann kann sich eine Zusatzversicherung rechnen. Die gesetzlichen Krankenkassen zahlen nach wie vor auch bei Zahnersatz. Für Kronen, Brücken und Prothesen gibt es einen Zuschuss. Seit Anfang des Jahres 2004 ist dieser »befundbezogen«. Das heißt: Für jedes Problem haben Kassen und Zahnärzte eine Standardlösung definiert, die kostengünstige Regelversorgung.

Beim Backenzahn zum Beispiel, der mit einer Füllung nicht mehr repariert werden kann, ist das die Metallkrone. Anhand von Durchschnittspreisen wurde dafür der Betrag von 230 Euro festgelegt. Diese Summe wird in der gesetzlichen Versicherung zur Hälfte von der Kasse, zur anderen Hälfte vom Patienten übernommen. Wer in den vergangenen fünf beziehungsweise zehn Jahren regelmäßig beim Zahnarzt war, erhält von der Kasse einen Zuschuss von 60 beziehungsweise 65 Prozent. Statt 115 Euro muss der Patient im günstigsten Fall also nur 80,50 Euro zahlen.

Aber Vorsicht: Wer sich eine Krone entsprechend der Regelversorgung einsetzen lässt, hat eventuell mehr als 115 Euro zu zahlen – und zwar für alle Maßnahmen, die den Eingriff verteuern. Muss der Zahnarzt einen Behandlungsschritt aus irgendwelchen Gründen zweimal ausführen, steigen die Kosten. Der Aufschlag dafür bleibt vollständig am Patienten hängen. Eine Zusatzversicherung, die lediglich den Regelanteil des Patienten übernimmt, zahlt ihn nicht. Die Mehrkosten gehen komplett auf Rechnung des Patienten.

Deutlich teurer wird die Zahnarztbehandlung, wenn es mehr sein soll als die Standardvariante. Alles, was deren engen finanziellen Rahmen übersteigt, berechnet der Zahnarzt nach der teureren privaten Gebührenverordnung. Die »private Mehrkostenvereinbarung« kann folgendermaßen aussehen: Der Patient erhält für eine Keramikkrone eine Rechnung über 550 Euro. Die Krankenkasse schießt wie gehabt 115 Euro zu. Wer den Eigenanteil von 435 Euro deutlich reduzieren möchte, braucht eine Versicherung, die sich nicht nur an den Kosten für die Regelversorgung, sondern am gesamten Rechnungsbetrag beteiligt.

Laut Stiftung Warentest gibt es keine Zusatzpolice, die Rechnungen in beliebiger Höhe komplett erstattet. In den meisten Fällen muss der Kunde trotz Zusatzversicherung einen Eigenanteil tragen. Doch auch eine Teilzahlung durch die Versicherung kann den Geldbeutel erheblich entlasten. Das gilt zumindest für jene, die die »andersartige Versorgung« in Anspruch nehmen wollen. Bei dieser rechnet der Zahnarzt alles nach der privaten Gebührenordnung ab. Das gilt etwa für eine künstliche Zahnwurzel, Implantat genannt, auf der wiederum der Zahnersatz befestigt wird. Laut einem Beispiel der Stiftung Warentest kann diese Variante rund 1800 Euro kosten. Die Kasse würde davon 273 Euro übernehmen. Das ist der Zuschuss für eine Brücke. Die Stiftung Warentest hat Zusatzversicherungen ermittelt, die bis zu 85 Prozent der Gesamtkosten übernehmen. In diesem Fall zahlt der Patient nur noch 270 statt 1527 Euro. Für solche Leistungen müssen Versicherte allerdings auch monatliche Beiträge von rund 20 Euro berappen.

Wie die Stiftung Warentest festgestellt hat, zahlen Frauen meist mehr als Männer, ältere Neukunden mehr als jüngere. Viele Versicherungen nehmen keine Kunden auf, die älter als 65 sind. Ältere Menschen sollten sich daher an die gesetzlichen Kassen wenden, die speziell für Senioren Versicherungen anbieten. Wer ein schadhaftes Gebiss hat und kurz vor der großen Sanierung noch schnell eine Police abschließt, hat davon in der Regel nicht viel. Die meisten Versicherungen haben eine Wartezeit von mehreren Monaten, bevor die erste Rechnung vorgelegt werden darf. Außerdem ist die Erstattung in den ersten Jahren häufig begrenzt. Einige Versicherer verlangen von Klienten mit schlechtem Gebiss einen Risikozuschlag.

Darauf sollten Sie beim Abschluss einer Police achten

Vor Vertragsabschluss sollte jeder Versicherte mindestens zwei bis drei Angebote einholen. Auch der Tarif der eigenen gesetzlichen Krankenkasse, der meist einen kleinen Beitragsrabatt verspricht, sollte genau geprüft werden. In manchen Fällen ist es sogar günstiger, sich direkt an eine private Versicherung zu wenden. Häufig handelt es sich nicht um reine Zahnpolicen, sondern um ein Sammelsurium an Zusatzleistungen. Die meisten Versicherer bieten ihre Leistungen im Paket an. Darin enthalten sind zum Beispiel nicht nur künstliche Zähne, sondern auch Behandlungen beim Heilpraktiker, Zuschüsse zu Brillen oder Krankenschutz im Ausland. Den haben aber viele schon, doch dadurch werden die monatlichen Beiträge in die Höhe getrieben.

Leistung auch für Inlays!

Eine Inlayversorgung ist häufig für alle besonders interessant, die noch zahlreiche Amalgam- oder Kunststofffüllungen (Plomben) haben, weil diese, bevor Zahnersatz im Sinne von Überkronungen durchgeführt wird, eine sinnvolle, aber auch kostspielige (da voll selbst zu zahlende) alternative Lösungsform darstellt. Fast alle Tarife am Markt leisten nicht für »Zahnbehandlung«. Die meisten der Angebote leisten sogar für Prophylaxe, teurere Kunststofffüllungen und aufwändigere Wurzel-/Zahnfleischbehandlungen.

Kieferorthopädie übernehmen die gesetzlichen Krankenkassen für Patienten bis 18 Jahren noch, allerdings nur wenn gemäß einem Punktekatalog ein bestimmtes Ausmaß der Regulierungsbedürftigkeit festgestellt wird. Wenn dieses Maß nach Kassenregelung nicht mehr erreicht wird, gibt es keine Erstattung. Es gibt auch Tarife, die für Kieferorthopädie bei Erwachsenen leisten, auch und gerade dann, wenn die Kasse eben nicht mehr leistet.

Kassen erstatten nur ein erheblich niedrigeres Zahnarzthonorar. Es gibt zahlreiche aufwändigere Arbeiten, deren Mehrkosten mit den niedrigen Kassensätzen nicht gedeckt sind und durch Mehrkostenvereinbarungen selbst bezahlt werden müssen (teure funktionsanalytische Maßnahmen, Keramikverblendungen und alle sonstigen Maßnahmen, die eben nicht über Kassensätze abgedeckt sind, zum Beispiel hatten wir einen Fall mit einer aufwändigen Wurzelbehandlung an zwei Zähnen, die fast 2000 Euro gekostet hat und die von der gesetzlichen Kasse nicht bezahlt worden ist).

Häufig gestellte Fragen zu Zusatzversicherungen

Was passiert, wenn Sie die gesetzliche Kasse wechseln? Ein Wechsel der gesetzlichen Kasse hat mit der Zusatzzahnpolice nichts zu tun. Das ist ein eigenständiger Vertrag. Wer allerdings über seine gesetzliche Kasse die Zusatzpolice abgeschlossen hat und deshalb einen Rabatt bekommt, muss eventuell auf Prämienvorteile verzichten.

Gibt es reine Zahnersatztarife, womit man nur die Zähne allein versichern kann? Ja, aber es gibt insgesamt nur wenige reine Zahntarife am deutschen Markt, die nur Zahnersatz-Zusatztarife sind. Der beste davon leistet kassenunabhängig, wie wir es für notwendig halten, und immerhin 40 Prozent für

Zahnersatz, jedoch nicht für Inlays. Alle anderen Tarife enthalten die Zahnersatzleistung im Paket mit anderen Leistungen (zum Beispiel die wirklich wichtige Auslandskrankenversicherung; Leistung für Heilmittel, für Heilpraktiker, Brille und ganz unterschiedlichen Kombinationen) und heißen als solche im Fachjargon »Ergänzungstarife« oder werden im allgemeinen Sprachgebrauch vereinfachend Zusatzversicherungen genannt.

Wieso brauche ich Tarife, die 50 Prozent und mehr leisten für Zahnersatz oder Inlays? Die Leistungen Ihrer gesetzlichen Krankenkasse sind niedriger, als Sie glauben. Gerade für medizinisch optimale Behandlungen wie zum Beispiel Inlays und Implantate leisten die Krankenkassen gar nichts. Und die Behandlungen, für die jetzt noch geleistet wird, werden immer weniger.

Wie schnell komme ich an Leistungen? Es gibt erstens Wartezeiten – üblich sind für Zahnersatzleistungen acht Monate Wartezeit, das heißt, sofern in dieser Zeit Behandlungstermine Kosten verursachen, fallen diese nicht unter die Erstattung. Sie können im Bedarfsfall versuchen, erst nach Vertragsschluss überraschend anstehende Maßnahmen eventuell ganz oder zum Teil über die achtmonatige Wartezeit hinauszuschieben, dann erhalten Sie dafür die tarifliche Erstattung.

Zweitens gibt es Leistungsbegrenzungen, die auch Höchstgrenzen oder Zahnstaffel genannt werden, welche die Höhe der Erstattung für Zahnersatz, bezogen auf ein Versicherungsjahr, auf einen bestimmten Euro-Betrag begrenzt: Beispielsweise, dass im ersten Versicherungsjahr maximal 250 Euro, im zweiten Jahr 500 Euro erstattet werden und ab dem dritten Versicherungsjahr bereits in unbegrenzter Höhe geleistet wird. Diese Begrenzungen sind äußerst unterschiedlich von Angebot zu Angebot.

Bekomme ich später Zahnersatzerstattung, wenn mir vor Abschluss der Versicherung ein Zahnarzt gesagt hat, man könnte dieses oder jenes machen? Kurz und knapp: Wenn nichts Konkretes ansteht und geplant ist: Ja! Dann wird geleistet. Es wird später für alles geleistet, was beim und vor dem Abschluss nicht konkret als Zahnersatzmaßnahme bereits behandelt oder konkret geplant oder angeraten war.

Mit anderen Worten: Geleistet wird für alles, was medizinisch begründet irgendwann später vom Zahnarzt an den Zähnen gemacht werden kann. Beispiel: Ihr Zahnarzt sagt, die Plomben gehen jetzt schon noch (vielleicht ein bis zwei Jahre oder länger), aber irgendwann sollten wir die eine oder andere erneuern. Das ist keine konkrete Planung und ist daher versichert.

Achtung!

Wenn jedoch vor Abschluss einer Zusatzversicherung konkrete Maßnahmen laufen oder angeraten und schon geplant sind, gibt es keine Leistung vonseiten der Versicherung.

Nicht geleistet wird für konkrete Maßnahmen, das sind solche, die jetzt gerade ablaufen oder konkret besprochen oder sogar mit einem bereits erstellten Heil- und Kostenplan unmittelbar in Angriff genommen worden sind oder werden.

Es gibt das Angebot der Signal, die praktisch keine Zahnfragen im Antrag stellt. Dieser Tarif leistet jedoch, wie eben erklärt, *nicht* für Versicherungsfälle, die vor Vertragsbeginn bereits eingetreten sind. Das heißt, es wird, wie sich jeder auch leicht denken kann, natürlich *nicht* geleistet für im Zeitpunkt des Vertragsschlusses konkret bereits laufende und noch andauernde oder konkret geplante beziehungsweise konkret angeratene zahnärztliche oder kieferorthopädische Maßnahmen, auch nicht nach Ablauf der Wartezeit von acht Monaten. Für einen bei Vertragsabschluss bereits eingetretenen Schaden beziehungsweise Versicherungsfall, wird natürlich so lange nicht geleistet, bis dieser spezifische Schaden durch erfolgreich abgeschlossene zahnärztliche Maßnahmen behoben worden ist. Obwohl das also versicherungsrechtlich absolut selbstverständlich ist, also schon immer aufgrund des für alle Versicherer in Deutschland gültigen Versicherungsrechtes gilt, hat speziell die Signal extra einen klarstellenden Hinweis hierzu in ihren Kurzantrag aufgenommen: »Für Versicherungsfälle, die vor Beginn des Versicherungsschutzes eingetreten sind, wird nicht geleistet.« Das hat man insbesondere deshalb für sinnvoll gehalten, damit das Fehlen von Zahnfragen im Signal-Antrag nicht missverstanden werden kann.

Prinzipiell kann sich damit sogar jemand versichern, wenn er zahnlos ist. Es gibt Versicherer, die Anträge schon ab zwei fehlenden Zähnen, die nicht ersetzt sind, ablehnen oder erhebliche Zuschläge verlangen (LKH zum Beispiel: ein fehlender Zahn 4 Euro monatlich, zwei fehlende Zähne 10 Euro monatlich, ab drei fehlenden Zähnen Ablehnung).

Auch laufende Behandlungen stören die Aufnahme nicht. Bei anderen Versicherern wird abgelehnt oder mit aufwändigen Leistungsausschlüssen ein Vertrag aufgenommen, sofern aktuell eine zahnärztliche Maßnahme läuft oder kurzfristig bevorsteht.

Weiter fragt dieser Versicherer nicht, wie viele Zähne ersetzt sind. Da Sie hierzu keine Frage beantworten müssen, können Sie auch keinen Fehler machen und es kann gar keine Zuschläge geben, auch wenn alle Zähne überkront wären. Üblich ist ansonsten: Die meisten Versicherer stellen die Frage, wie viele Zähne bereits ersetzt sind. So wird unter anderem von der LKH nach der Anzahl ersetzter Zähne gefragt: Es gibt bei der LKH 10 Euro Zuschlag monatlich, wenn sieben bis neun Zähne ersetzt sind, und wenn 10 bis 14 Zähne ersetzt sind, beträgt der monatliche Zuschlag sogar 20 Euro.

Was kosten Zusatztarife mit sehr guten Zahnersatzleistungen? Gute Tarife kosten zwischen 20 bis 45 Euro pro Monat. Bedenken Sie Folgendes: Zahntarife sind etwas Besonderes, denn es ist die einzige Versicherungsart, bei der Sie 100 Prozent vorhersehbare Schäden versichern können und dürfen, das heißt, es kann gut sein, dass Sie viel mehr Erstattung zurückbekommen, als Sie jemals einzahlen. Aber auch dann, wenn es sich nicht sofort »rentiert«, ist der Schutz sinnvoll, weil später unvorhersehbare teure Eigenanteile erheblich reduziert werden können.

Beispiel: Ein Tarif kostet 25 Euro im Monat – Sie haben zehn Plomben, erhalten später nach und nach zehn Keramik-Inlays, bekommen alle zu 100 Prozent erstattet, jedes Inlay kostet 700 Euro, das sind 7000 Euro mögliche Erstattung. Wenn Sie dann noch Brillenträger sind und in einem Jahr für eine Sehhilfe 128 Euro erstattet bekommen, verringert sich in diesem Jahr Ihr Beitragsaufwand von 25 Euro auf unter 15 Euro monatlich.

Gibt es eine Familienversicherung oder Nachlässe für Familienmitglieder? Nein. Im Gegensatz zur gesetzlichen Krankenversicherung gibt es bei einer privaten Versicherung keine Familienversicherung. Jedes Familienmitglied muss einzeln versichert werden.

Wo gibt es weitere Informationen? Tarifvergleiche von einzelnen Anbietern sind bei zahlreichen Online-Portalen oder in regelmäßigen Abständen in der Zeitschrift *Finanztest* von der Stiftung Warentest zu finden. Auch die Verbraucherzentralen halten Informationen bereit.

Versicherungen, die Zusatztarife anbieten

Arag Krankenversicherung
Prinzregentenplatz 9
81675 München
Tel. (0 89) 41 24 02
Fax (0 89) 41 24 25 25
www.arag.de

Barmenia Krankenversicherung
Kronprinzenallee 12–18
42094 Wuppertal
Tel. (02 02) 4 38 00
Fax (02 02) 4 38 28 46
www.barmenia.de

Deutscher Ring
Krankenversicherungsverein aG
Ludwig-Erhard-Str. 22
20459 Hamburg
Tel. (0 40) 35 99 77 33
Fax (0 40) 35 99 36 36
www.deutscherring.de

DKV Deutsche
Krankenversicherung
50594 Köln
Tel. (0 18 01) 35 81 00
Fax (0 18 05) 78 60 00
www.dkv.com

Hansemerkur
Krankenversicherung
Siegfried-Wedells-Platz 1
20352 Hamburg
Tel. (0 40) 4 11 90
Fax (0 40) 41 19 32 57
www.hansemerkur.de

Inter Krankenversicherung
Erzbergerstr. 9–15
68165 Mannheim
Tel. (06 21) 42 74 27
Fax (06 21) 42 79 44
www.inter.de

R + V Krankenversicherung
Taunusstr. 1
65193 Wiesbaden
Tel. (06 11) 53 30
Fax (06 11) 5 33 45 00
www.ruv.de

Zahnersatzfinanzierung über Kredit

Angesichts stetig steigender Kostenselbstbeteiligung bei stagnierenden Gehältern fällt es immer mehr Menschen schwer, die Zahnbehandlung und vor allem den Zahnersatz günstig zu finanzieren. Nicht jeder Erwerbstätige kann es sich leisten, auf einen

Schlag Hunderte oder gar Tausende von Euro für die Sanierung seiner Zähne auszugeben. Und viele verzichten aus Geldgründen komplett auf den teuren, aber notwendigen Zahnersatz – viele sogar auf die Zahnbehandlung.

Um diesen Patienten entgegenzukommen, bieten inzwischen immer mehr Zahnärzte und Zahnlabors eine Finanzierung des Zahnersatzes an: Zahnersatz günstig auf Raten. Die Ratenzahlung macht Zahnersatz auch für weniger gut betuchte Menschen erschwinglich. Zudem profitieren auch die Zahntechniker und -ärzte, denn viele Kunden entschließen sich wegen der günstigen Finanzierung für eine aufwändigere Zahnbehandlung. Wer Zahnersatz finanzieren will, hat die Möglichkeit, einen Kleinkredit als Ratenkredit in Anspruch zu nehmen oder einfach seinen Dispositionskredit des Girokontos auszuschöpfen. Von letzterem sei hier sofort und dringend abgeraten: Den Dispokredit auszuschöpfen ist meistens mit höherem Zins verbunden und kann schnell in eine Schuldenspirale führen. Der Ratenkredit ist für längerfristige Ausgaben vorteilhafter, da man monatliche und damit meist günstigere Raten zahlen muss und in den meisten Fällen auch über die gesamte Laufzeit den gleichen Zinssatz hat.

Wie läuft so eine Kreditnahme ab? Üblich ist ein Kreditantrag, die Schufa-Überprüfung der Zahlungsfähigkeit und Bonität. Möglich sind Kreditbeträge ab 1 000 Euro. Der effektive Zinssatz liegt (2005) zwischen 6,66 Prozent und 7,99 Prozent. Er steht dann für die gesamte Laufzeit fest. Der Kunde kann zwischen zwölf und 60 Monaten Laufzeit wählen. Die Bonität prüft die Bank mit der letzten Gehaltsabrechnung und den Kontoauszügen des letzten Monats. Das Haushaltsnettoeinkommen eines allein lebenden Kunden muss bei vielen Banken mindestens 1 100 Euro betragen. Selbstständige und Freiberufler bekommen häufig solche Angebote nicht. Etwa die CC-Bank und die GE Money Bank bieten in Zusammenarbeit mit zahnärztlichen Organisationen oder Dentallabors Ratenkredite für Zahnersatz an.

WISO rät

Gewöhnliche Kleinkredite können günstiger sein als Zahnkredite. Für einen 2500-Euro-Kredit mit einer Laufzeit von zwölf Monaten nimmt die DHB Bank (2005) effektiv nur 4,95 Prozent Zinsen, Tchibo nur 5,9 Prozent. Fragen Sie zuerst bei den Banken nach, die wir mit günstigen Angeboten für 5000 Euro Kredit aufführen. Vergleichen Sie immer den Effektivzins.

Fragen Sie Ihren Zahnarzt, ob er eine Kreditfinanzierung anbietet und zu welchen Konditionen. Ausschlaggebend ist, wie bei jeder Finanzierung, der *Effektivzins*. Ist das Angebot Ihres Zahnarztes zu teuer, aber Sie möchten bei ihm bleiben, so können Sie auch einen zweckungebundenen Konsumentenkredit einer Bank verwenden. Oder wählen Sie einen anderen Zahnarzt, der günstigen Zahnersatz zu günstigen Konditionen anbietet.

Es ist nicht alles Gold, was glänzt

Laut Werbung liegt ein Vorteil der Kreditfinanzierung in der bestmöglichen Behandlung mit hochwertigstem Zahnersatz. Klar sollte jeder Patient versuchen, von der heutigen Kassenlösung – Stand der achtziger Jahre – Abstand zu nehmen. Doch er sollte sich auch fragen, ob es wirklich der teuerste zahnmedizinische »Porsche oder Ferrari« sein muss? Denn genau darin liegt auch eine Gefahr: Auch Zahnarzt und Zahnlabor profitieren von teurem Zahnersatz – und könnten dazu neigen, die neu gewonnene, finanzielle Potenz des Patienten zu besonders kostspieligen Versorgungen zu benützen.

WISO rät

Unabhängig von Ihrem möglichen Kreditrahmen sollten Sie vorher genau prüfen, ob die angebotene Behandlung wirklich sinnvoll ist. Denn nicht immer ist die teuerste, technisch machbare Lösung auch die beste für Sie.

Mit Zahnarztkosten Steuern sparen

Wie alle Gesundheitsaufwendungen, sofern von Ärzten verordnet, sind auch die Kosten für Zahnbehandlung und Zahnersatz nach § 33 Einkommensteuergesetz als außergewöhnliche Belastung abzugsfähig. Neben den Erstattungsleistungen der Krankenkassen, Beihilfestellen und Arbeitgebern ist vom Rechnungsbetrag die persönlich zumutbare Belastung abzuziehen. Diese ist abhängig vom Familienstand und vom so genannten Gesamtbetrag der Einkünfte.

Immer mehr Patienten wünschen sich einen besonderen Aufwand für schönere Zähne oder für festsitzenden Zahnersatz. Sie sind auch bereit, in die eigene Geldbörse zu greifen und eine Behandlung zu wählen, für die die Krankenkassen gar nicht oder nur teilweise die Kosten übernehmen.

Die außergewöhnliche Belastung

Die Kosten für Zahnbehandlungen, Implantate, Zahnersatz, Kieferoperationen, aus eigener Tasche bezahlte Arztrechnungen (zum Beispiel für eine privat bezahlte Laserbehandlung) und so weiter sind nach § 33 des Einkommensteuergesetzes (EStG) als außergewöhnliche Belastungen abzugsfähig. Natürlich kann in der Steuererklärung nicht die Zahnarztrechnung in voller Höhe eingetragen werden. Abzuziehen sind zunächst einmal alle Erstattungsleistungen der Krankenkassen, Beihilfestellen, und so weiter. Im zweiten Schritt muss der Patient seine persönliche zumutbare Belastung errechnen. Diese ist abhängig vom Familienstand und vom so genannten Gesamtbetrag der Einkünfte (= Einkünfte/Werbungskosten). Die Bandbreite reicht hier von 1 Prozent (Gesamtbetrag der Einkünfte bis 15 340 Euro, drei oder mehr Kinder) bis 7 Prozent (über 51 130 Euro für Alleinstehende ohne Kinder).

Beträge laut § 33 EStG

Beträge laut § 33 EStG

Gesamtbetrag der Einkünfte (EUR)	bis 15 340	bis 51 130	über 51 130
Alleinstehende (Grundtabelle)	5 %	6 %	7 %
Verheiratete (Splittingtabelle)	4 %	5 %	6 %
Steuerpflichtige mit 1 oder 2 Kindern	2 %	2 %	4 %
Steuerpflichtige mit 3 oder mehr Kindern	1 %	1 %	2 %

Und was bedeutet das nun im Klartext? Hier ein Beispiel: Für einen Familienvater mit drei Kindern und einem Monatseinkommen von 1 500 Euro besteht eine steuerlich zu berücksichtigende Grenze von 150 Euro pro Jahr. Überschreitet der Eigenanteil des Familienvaters für Zahnersatz, Zahnkronen oder Zahnfüllungen aus Gold oder Keramik diese Summe, so kann er den Überschuss als »außergewöhnliche Belastung« steuermindernd geltend machen.

WISO rät

Es gibt übrigens keinerlei Höchstgrenzen. Dies bedeutet, dass der über die zumutbare Belastung hinausgehende Betrag stets in voller Höhe abziehbar ist, unabhängig davon, wie hoch die Zahnarztrechnung ausfällt.

Außergewöhnliche Belastungen eines Jahres bündeln

Stellen Sie fest, dass Ihr Eigenanteil an den Behandlungskosten die zumutbare Belastung nicht überschreitet und vorausichtlich keine anderen Aufwendungen anfallen, die nach § 33 EStG abziehbar sind, ist Ihr Steuervorteil gleich null. Können Sie jedoch schon abschätzen, dass im nächsten Jahr noch andere außergewöhnliche Belastungen entstehen werden, zum Beispiel Kurkosten oder die Unterstützung von Angehörigen, kann es sich durchaus bezahlt machen, die Behandlung ebenfalls ins nächste Jahr zu verschieben. Durch das Zusammenfassen dieser Aufwendungen kann die zumutbare Belastung deutlich schneller überschritten sein. Statt über den Zeitraum von zwei Jahren Aufwendungen zu tätigen, die jeweils unterhalb der zumutbaren Belastungen liegen, ist es aus steuerlicher Sicht zumeist günstiger, die entsprechenden Ausgaben in einem Jahr zusammenzufassen. Lässt sich die Zahnbehandlung nicht ins nächste Jahr verschieben, müssten Sie – soweit wie möglich – andere außergewöhnliche Belastungen vorziehen. Ein Beispiel wäre die neue Brille, die statt im nächsten Jahr noch in diesem Jahr gekauft wird.

Aus steuerlichen Gründen ist es sinnvoll, alle absehbaren außergewöhnlichen Belastungen auf ein Kalenderjahr zu verlagern. Sofern medizinisch vertretbar, sollten Sie Aufwendungen für Krankenhaus, Kur, Brille, Zahnersatz und die Unterstützung von Angehörigen innerhalb eines Kalenderjahres vornehmen. Auch der Zahnersatz für den Ehegatten, die kieferorthopädische Behandlung für Kinder, die Kuraufwendungen für Eltern, Geschwister sowie Schwager oder Schwägerin sind dann von der Steuer absetzbar, wenn Sie die Rechnung bezahlt haben.

WISO rät

Zu den zu berücksichtigenden Krankheitskosten gehören selbstverständlich nicht nur die Ausgaben für die eigene Person, sondern auch die für den Ehepartner und die Kinder. Falls Sie allerdings noch für weitere Personen die Krankheitskosten übernehmen, können die Ausgaben nur dann als außergewöhnliche Belastung in der Steuererklärung eingetragen werden, wenn zu der dritten Person ein enges verwandtschaftliches Verhältnis besteht. Nach § 15 der Abgabenordnung ist dies bei nahen Angehörigen stets der Fall. Hierzu gehören unter anderem die Eltern, Geschwister sowie Schwager oder Schwägerin. Liegt kein enges verwandtschaftliches Verhältnis vor (Freunde oder entferntere Verwandte) erkennt das Finanzamt die Aufwendungen nur an, wenn Sie mit der unterstützenden Person durch ein besonderes Ereignis in der Vergangenheit so stark verbunden sind, dass Sie sich aus sittlichen Gründen zur Übernahme der Krankheitskosten verpflichtet fühlen. Dies ist zum Beispiel der Fall, wenn Sie sich bei einem Freund revanchieren, der Sie selbst während einer früheren finanziellen Krise großzügig unterstützt hat.

Auch Schuldzinsen muss das Finanzamt akzeptieren

Auch Schuldzinsen einer kreditfinanzierten Zahnbehandlung können als außergewöhnliche Belastung angesetzt werden. Bis vor kurzem verweigerten die Finanzämter zwar noch die Anerkennung von außergewöhnlichen Belastungen, wenn die entsprechenden Ausgaben im Jahr der Zahlung durch einen Kredit finanziert wurden. Es wurden lediglich die Tilgungsraten und die Schuldzinsen in den folgenden Jahren, in denen das Darlehen zurückgezahlt wurde, akzeptiert. Nach einem Urteil des Bundesfinanzhofs (veröffentlicht im *Bundessteuerblatt* 1988 II, S. 814) sind außergewöhnliche Belastungen aber grundsätzlich immer in dem Jahr abziehbar, in dem sie bezahlt wurden. Dabei spielt es keine Rolle, ob hierfür Eigen- oder Fremdkapital eingesetzt wird. Andererseits können die Schuldzinsen weiterhin in den Jahren der Tilgung als außergewöhnliche Belastung geltend gemacht werden. Vorteil für Sie: Durch Berücksichtigung der Zahnersatzrechnung im Jahr der Zahlung ist die zumutbare Belastung viel schneller überschritten als bei der Verteilung des Gesamtbetrages auf die Jahre, in denen der Kredit getilgt wird.

Viele Patienten sind hocherfreut, wenn sie erfahren, dass auf diesem Weg privat veranlasste Schuldzinsen dem Finanzamt in Rechnung gestellt werden können. Auf jeden Fall erweist es sich als steuerlich günstiger, wenn etwa private Anschaffungen bar bezahlt werden und stattdessen für die Zahnbehandlung ein Kredit aufgenommen wird, als ein umgekehrtes Vorgehen zu wählen. Wir empfehlen Ihnen, eventuelle Fragen mit Ihrem Steuerberater, einem Lohnhilfeverein oder Ihrem zuständigen Finanzamtsmitarbeiter zu klären.

Nach der Behandlung

Nicht immer verläuft eine Behandlung beim Zahnarzt zur Zufriedenheit des Patienten. Grundsätzlich haftet jeder Zahnarzt für durch ihn herbeigeführte Behandlungsfehler, früher Kunstfehler genannt, bei Verletzung der erforderlichen Sorgfalt und bei Unterlassung einer medizinisch notwendigen Maßnahme. Da es sich bei einer ärztlichen Leistung um eine Dienstleistung handelt, besteht keine Haftung für den gewünschten Behandlungserfolg bei sachgemäßer Behandlung. Haftungsinhalte sind zum einen ein Schadenersatz für Nachteile, die einer Person an Gesundheit und Vermögen entstehen, zum anderen ein Schmerzensgeld für immaterielle Schäden bei vorsätzlicher oder fahrlässiger Handlungsweise. Daneben besteht eine Haftung aus unerlaubter Behandlung bei mangelhafter oder mangelnder Aufklärung, der Patient somit das Risiko des Eingriffs nicht richtig einschätzen konnte.

Garantie und Gewährleistung

Garantie nennt man freiwillige Zusagen über Mängelbeseitigung, als *Gewährleistung* bezeichnet man die gesetzliche Zwei-Jahresfrist zur Beseitigung von Behandlungsfehlern. Beschwerden über Zahnersatz sind in Patientenberatungsstellen auffallend häufig. Die Gewährleistungspflicht des Zahnarztes für Füllungen und

Zahnersatzleistungen liegt in Deutschland bei zwei Jahren. In dieser Zeit muss der Zahnarzt die Füllungen kostenlos nachbessern beziehungsweise bei Verlust erneuern. Dies trifft auch auf Zahnersatzleistungen wie Kronen, Brücken, herausnehmbaren Zahnersatz und Totalprothesen zu.

Eine Mängelhaftung ist ein im Gesetz geregeltes Verhalten für den Fall, dass bei der zahnärztlichen Leistung (zum Beispiel Füllung, Zahnersatz) im Nachhinein ein Mangel auftritt. Eine Gewährleistung nach SGB V entsteht zum einen aus dem formlos abgeschlossenen Dienstvertrag für die (zahn-)ärztliche Leistung (zum Beispiel Versorgung mit einer Füllung), zum anderen aus dem Werkvertrag (beim Zahnersatz als eine Kombination von Dienst- und Werkvertrag) und schließt bei letzterem für die Zeit von zwei Jahren die kostenlose Beseitigung von Mängeln ein. Wurde der Mangel vorsätzlich herbeigeführt, kann zusätzlich Schadenersatz verlangt werden.

Bei hergestellten Werken, die im Rahmen eines Werkvertrags entstanden sind, muss dem Zahnarzt allerdings zunächst Gelegenheit zur Nachbesserung gegeben werden. Seit dem Gesundheitsstrukturgesetz von 1993 (mit Zusatzänderungen im Jahr 2000; §§ 135,136 SGB V) gilt im zahnmedizinischen Bereich eine verschuldensunabhängige Gewährleistung für zwei Jahre; so muss der Patient nicht belegen, dass ihn keine Schuld am Schaden trifft. Ausnahmen von dieser juristischen Regelung bestehen bei:

- Milchzahnfüllungen
- großen Füllungen bleibender Zähne
- schweren Allgemeinerkrankungen
- Folgebehandlungen einer Kariestherapie
- Unfallbehandlungen
- Arztwechsel infolge eines Vertrauensverlustes
- Haftung, Haltbarkeit von Zahnersatz, Honorar

Der Zahnarzt und seine Pflicht zur Gewährleistung: Was ist zu beachten?

Jeder, der Dienste leistet oder ein Werk erstellt, muss nach deutschem Recht grundsätzlich für eine gewisse Zeit für die Qualität seiner Arbeit einstehen. Der Gesetzgeber legte den entsprechenden gesetzlichen Regelungen die – korrekte – Annahme zugrunde, dass der Bezahlung auch eine äquivalente Leistung entgegenstehen muss.

Als gesetzlich versicherter Patient

Nach der Rechtsprechung kommt zwischen dem Vertragszahnarzt und dem gesetzlich versicherten Patienten ein Dienstvertrag zustande (zum Beispiel LSG Baden-Württemberg, Urteil vom 25. August 1999, Az.: L 5 KA 3253/98).

Bekanntlich stellen Füllungen und Zahnersatz nur dann eine Kassenleistung dar, wenn der Zahnarzt bei der Planung einschätzen kann, dass die Versorgung mindestens einen Zeitraum von zwei Jahren überdauert. Diese Qualitätskriterien für die Versorgung mit Zahnersatz sind durch das Gesundheitsstrukturgesetz 1993 neu gefasst worden. Wesentlicher Inhalt war die Verlängerung der Gewährleistungsfrist. Innerhalb der Gewährleistungsfrist besteht eine Pflicht des Zahnarztes zu kostenloser Erneuerung – es sei denn, die Kassenzahnärztliche Bundesvereinigung hat mit den Spitzenverbänden der Krankenkassen gemeinsame und einheitliche Ausnahmen vereinbart. Die Krankenkassenverbände können auf regionaler Ebene längere Gewährleistungsfristen vereinbaren und dafür Vergütungszuschläge gewähren.

Beim Nachbesserungsrecht gilt eine vergleichbare Regelung wie bei Privatpatienten: Hat der Patient zu Recht das Vertrauen in die zahnärztliche Behandlungsfähigkeit des Zahnarztes verloren, so kann er – insbesondere bei dem Erfordernis einer Neuanfertigung – die Behandlung bei einem anderen Zahnarzt vornehmen lassen. Ein zur Kündigung des Dienstvertrages berechtigendes vertragswidriges Verhalten ist dann gegeben, wenn dessen Arbeitsergebnis vollständig unbrauchbar und eine Nachbesserung nicht möglich oder dem Versicherten nicht zumutbar ist (LSG Baden-Württemberg, Urteil vom 25. August 1999, Az.: L 5 KA 3253/98, anhängig als Revisionsverfahren beim BSG, Az.: B 6 KA 42/00 R).

Die Krankenkasse wird in diesem Fall den bereits gewährten Zuschuss zur prothetischen Versorgung zurückfordern, wenn dem Zahnarzt eine fehlerhafte Planung oder Ausführung vorgeworfen werden kann. Gegebenenfalls setzt der so genannte Schadensausschuss bei Ihrer KZV einen entsprechenden Regress fest. Soweit der Patient auf zivilrechtlichem Wege seine Ansprüche auf Rückzahlung der bereits gezahlten Eigenanteile und Zahlung eines Schmerzensgeldes einklagt, ist darauf zu achten, dass die Kassengutachten reine Mängelfeststellungen enthalten und in der Regel nichts über das Verschulden des Zahnarztes aussagen.

WISO rät

Wenn Sie durch den Zahnersatz oder die Kronen Beschwerden haben, sollten Sie so bald wie möglich wieder zu Ihrem Zahnarzt gehen. Finden Sie sich auf keinen Fall mit Schmerzen oder schlecht sitzendem Zahnersatz ab. Sie haben einen Behandlungsvertrag über die Anfertigung des Zahnersatzes geschlossen, durch den der Zahnarzt verpflichtet ist nachzubessern. Der Zahnarzt übernimmt für die Versorgung mit Zahnersatz eine zweijährige Garantie. Ist eine unproblematische Einigung mit Ihrem Zahnarzt nicht möglich, setzen Sie sich bitte rechtzeitig – möglichst vor Ablauf der zweijährigen Gewährleistungsfrist – mit Ihrer Kassengeschäftsstelle in Verbindung.

Der Ablauf einer Reklamation

Wer einen Zahnersatz beanstandet, der muss dem Zahnarzt zunächst Gelegenheit zur Nachbesserung geben. Er ist innerhalb der Gewährleistungsfrist von zwei Jahren zur kostenlosen Nachbesserung verpflichtet. Bleibt – je nach Komplexität des Falles – nach bis zu fünfmaligen Änderungsversuchen ein Erfolg aus, sollte man einen Gutachter einschalten, um die Funktionstüchtigkeit des Zahnersatzes beurteilen zu lassen. Um den Anspruch auf Neuanfertigung und vielleicht sogar Schadenersatz und Schmerzensgeld klären zu lassen, gibt es drei Möglichkeiten: Mängelgutachten, selbstständiges Beweisverfahren oder Schlichtungsverfahren.

Mängelgutachten

Gesetzlich Versicherte wenden sich an ihre Krankenkasse und beantragen ein Mängelgutachten. Die Krankenkasse setzt sich mit der Kassenzahnärztlichen Vereinigung (KZV) in Verbindung, und es wird ein zahnärztliches Gutachten in Auftrag gegeben. Die KZV fordert dann Ihren Zahnarzt auf, die Behandlungsunterlagen an den Gutachter zu schicken. Der Zahnarzt ist zur Herausgabe der Unterlagen verpflichtet, aber oft verweigern die Zahnärzte dies oder schicken nur unvollständige Krankenakten.

Wenn sich abzeichnet, dass der Zahnarzt nicht kooperativ ist, sollte man sich selbst um die Herausgabe der Unterlagen bemühen. Darauf hat jeder ein Anrecht nach § 810 BGB: »Wer ein rechtliches Interesse daran hat, eine in fremdem Besitz befindliche Urkunde einzusehen, kann von dem Besitzer die Gestattung der Einsicht verlangen, wenn die Urkunde in seinem Interesse errichtet oder in der Urkunde ein zwischen ihm und einem anderen bestehendes Rechtsverhältnis beurkundet ist oder wenn die Urkunde Verhandlungen über ein Rechtsgeschäft enthält, die zwischen ihm und einem anderen oder zwischen einem von beiden und einem gemeinschaftlichen Vermittler gepflogen worden sind.« Mit dem Betroffenen wird auch ein Gutachtertermin vereinbart. Auf Grundlage des Gutachtens wird dann vom Prothetik-Einigungsausschuss versucht, eine Einigung zwischen den Beteiligten herbeizuführen oder eine eigene Entscheidung zu treffen. Folgende Konstellationen sind dann möglich:

- Der Gutachter bestätigt die Unbrauchbarkeit des Zahnersatzes. Dann kann – mit Zustimmung des Vorbehandlers – die Behandlung von einem anderen Arzt fortgesetzt werden.
- Der Gutachter stellt einzelne Mängel fest, die behoben werden können, und macht Verbesserungsvorschläge. Dann muss man dem Zahnarzt die Chance zur nochmaligen kostenlosen Nachbesserung geben. Gelingt ihm dies nicht, kann der Patient in Absprache mit der Krankenkasse den Zahnarzt wechseln.
- Der Gutachter findet keine Mängel: Bleiben trotzdem Zweifel bestehen, sollte man bei seiner Krankenkasse eine weitere Begutachtung zum Beispiel durch einen Obergutachter beantragen.

Das Mängelgutachten dient der Krankenkasse zur Prüfung, ob sie den Zahnarzt für fehlerhafte Leistungen in Regress nehmen kann. Er muss dann kostenlos nachbessern oder das gesamte Honorar einschließlich der Laborkosten zurückzahlen. Der Versicherte kann sich bei einem nachgewiesenen Mangel nicht nur von einem anderen Zahnarzt behandeln lassen, sondern auch sein weiteres juristisches Vorgehen am Ergebnis des Gutachtens ausrichten. Dabei muss berücksichtigt werden, dass ein subjektiv öffentliches Recht auf Unterstützung durch die Krankenkasse bei der Verfolgung von Behandlungsfehlern für den Versicherten nicht besteht. Die Krankenkasse darf weder für den Versicherten einen Rechtsstreit führen oder als sein Vertreter fungieren, noch darf sie die Kosten eines Rechtsstreites übernehmen. Die Krankenkasse hat lediglich die Möglichkeit, den Versicherten mit Informationen auszustatten, die ihm die Beweisführung bei einem Behandlungsfehler erleichtern.

Achtung!

Anders ist die Lage für Privatpatienten. Sie können in den seltensten Fällen auf die Unterstützung ihrer Versicherung hoffen, am häufigsten sind noch die von den Beihilfestellen eingelegten Einsprüche gegen einzelne Leistungspositionen bei der Abrechnung. Wer sich als Privatpatient nicht gleich für ein Beweissicherungsverfahren entscheidet, sollte sich an die Zahnärztekammer wenden. Dort wird eine Begutachtung ähnlich der oben beschriebenen eingeleitet. Zur Durchführung des Verfahrens wird aber von den Patienten eine Kostenpauschale von circa 100 Euro erhoben.

Selbstständiges Beweissicherungsverfahren

In diesem Verfahren werden der gegenwärtige Zustand des Kauorgans sowie die Beschwerden dokumentiert. Das selbstständige Beweissicherungsverfahren hat den Vorteil, dass es als Eilverfahren nicht so lange dauert wie eine vollständige Klage. Außerdem kommt es nach der gerichtlichen Beweissicherung gar nicht mehr zum Prozess, wenn der Verursacher aus dem Gutachten eindeutig hervorgeht. Allerdings können für Nicht-Rechtschutzversicherte die Kosten ein Hindernis sein. Je nach Streitwert kann dies in die Tausende gehen. Man kann bei entsprechend geringen Einkommensverhältnissen beim zuständigen Gericht allerdings auch Prozesskostenhilfe beantragen.

Schlichtungsverfahren

Privatpatienten wie Kassenpatienten mit außervertraglichen Leistungen können in den meisten Bundesländern ein relativ zügiges, aber gebührenpflichtiges Schlichtungsverfahren bei der Zahnärztekammer durchführen. Schwierigkeiten können sich jedoch daraus ergeben, dass das Verfahren freiwillig ist. Das heißt, dass sämtliche Parteien, auch die Haftpflichtversicherung des Zahnarztes, mit der Schlichtung einverstanden sein müssen. Stimmt eine Partei nicht zu, kann die Schlichtungsstelle nicht tätig werden. Außerdem ist das Votum der Schlichtungsstelle für beide Parteien unverbindlich. Wird das Votum nicht akzeptiert, kann es sein, dass die Schlichtungsstelle einen verbindlichen Schiedsspruch anbietet. Stimmt man dem zu, ist eine gerichtliche Klärung nicht mehr möglich.

Dienstvertrag

Schon durch Betreten des Behandlungszimmers und Öffnen des Mundes erklärt der Patient seine Behandlungswilligkeit. Ein zahnärztlicher Behandlungsvertrag bedarf keiner Schriftform und hat normalerweise den Rechtscharakter eines Dienstvertrages, das heißt, es besteht die vertragliche Verpflichtung des Zahnarztes zur Erbringung einer Heilbehandlung nach den heute gültigen Regeln der medizinischen Kunst (Fortbildung, Fortbildungssiegel) zu therapieren. Er garantiert keine Heilung (»Erfolgsgarantie«), sondern nur, alles zu unternehmen, damit ein Heilungserfolg eintritt. Im Gegenzug verpflichtet sich der Patient dazu, das vereinbarte Honorar zu zahlen.

Bei zahnärztlichen Arbeiten – hier speziell beim Legen einer Füllung oder Anfertigen von Zahnersatz – kann es vorkommen, dass dieser nicht auf Anhieb passt oder in der ersten Zeit noch Schmerzen (zum Beispiel Druckstellen oder eine Empfindlichkeit auf Wärme und Kälte) verursacht. In diesen Fällen muss dem Behandler in zumutbarer Weise die Gelegenheit zu einer Nachbesserung (unter Umständen auch mehrmals) gegeben werden. Der Patient kann den eingegangenen Behandlungsvertrag (und damit auch die Zahlung eines Honorars) wegen Mängeln nur kündigen, wenn der Zahnarzt weitere Eingriffe und Maßnahmen an Zähnen und Zahnersatz ablehnt oder wenn der Zahnersatz infolge einer der anerkannten Regeln der Zahnmedizin widersprechenden Planung oder Ausführung völlig unbrauchbar ist (Gutachter). Die Verjährungsfristen für Mängel, die aus Fehlbehandlungen resultieren, betragen 30 Jahre; die Verjährung der Honorarforderung erfolgt nach zwei Jahren (zum Jahresende).

Werkvertrag

Bei einer Behandlung mit Prothese wird ein Werkvertrag mit dem Dienstvertrag kombiniert. So stellt zum Beispiel die handwerkliche Anfertigung einer Prothese ein »Werk« dar – ähnlich dem eines Tisches beim Schreiner – und garantiert einen Erfolg. So wie der Tisch nicht wackeln darf und nicht unter der Last einer Tafel zusammenbrechen darf, muss zum Beispiel die Okklusionsfläche einer Krone so stark sein, um nicht schon nach kurzer Zeit durchgebissen zu sein. Eine Mängelrüge ist innerhalb von zwei Jahren möglich, es sei denn, es handelt sich um einen »versteckten Mangel« (die Goldkrone aus angeblich hochwertigem Edelmetall entpuppt sich als billige Messingkrone).

Schadenersatz

Durch die Schadenersatzreform im Jahr 2002 wurde die Haftung des Zahnarztes zugunsten des Patienten erweitert: Mit dem »Zweiten Schadenersatz-Änderungsgesetz« wurde ein einheitlicher und übergreifender Anspruch auf Schmerzensgeld bei Verletzungen von Körper und Gesundheit festgeschrieben, der nicht mehr nach dem Rechtsgrund für die Haftung fragt. Patienten können danach auch Schmerzensgeldansprüche geltend machen, ohne dass es dabei auf eine konkrete Rechtsgrundlage (»Vertragshaftung«, »Gefährdungshaftung« oder »deliktische Haftung«) ankommt. Konnte sich früher zum Beispiel der Zahnarzt in Fällen, in denen der Patient durch Hilfspersonal zu Schaden kam, von der »deliktischen Haftung« entlasten, indem er nachwies, dass er das Personal ordnungsgemäß ausgewählt habe, hilft ihm dies nach der neuen Regelung nicht mehr weiter, da er bereits aus »vertraglicher Haftung« zur Zahlung von Schmerzensgeld verurteilt werden kann.

Die regelmäßige Verjährungsfrist bei Schmerzensgeldansprüchen beginnt mit dem Schluss des Jahres, in dem der Schadenersatz- oder Schmerzensgeldanspruch entstanden ist und der Patient von dem Behandlungsfehler Kenntnis erlangt hat. Unabhängig von dieser Kenntnis verjähren Schadenersatzansprüche aus der Verletzung der Gesundheit oder des Körpers spätestens nach 30 Jahren, gerechnet ab dem schadenauslösenden Ereignis oder der Pflichtverletzung. Kurios, was alles vor deutsche Gerichte gelangt, aber wahr: »Wer sich in zahnärztliche Behandlung begibt, muss generell mit Schmerzen rechnen und hat deshalb keinen Anspruch auf Schmerzensgeld gegen den Zahnarzt. Solche Schmerzen sind nämlich von der Einwilligung des Patienten in die Behandlung gedeckt.« Damit wurde die Klage einer Patientin abgewiesen, die über Schmerzen beim Einsetzen von Kronen geklagt hatte. Dem Zahnarzt konnte kein Kunstfehler nachgewiesen werden. Es handelte sich vielmehr um Schmerzen, die häufig mit einer solchen Behandlung verbunden sind (Amtsgericht Daun, Az.: 3 C 332/02).

Da ein Anspruch auf funktionstüchtigen Zahnersatz besteht, hat der Zahnarzt, solange dies nicht gegeben ist, seinen Vertrag nicht erfüllt und kann deshalb für die fehlerhafte Arbeit auch kein Honorar verlangen. Allenfalls darf er abgeschlossene, einwandfreie Teilleistungen berechnen. Auch wenn eine gewisse Toleranz gegenüber Eingewöhnungsschwierigkeiten gewahrt werden sollte, Schmerzen im Zusammenhang mit Scheuerstellen bei herausnehmbarem Zahnersatz oder zu hohen Kronen erfordern eine sofortige erfolgreiche Nachbehandlung.

WISO rät

Die beanstandete Leistung sollte man nur nach Rücksprache zum Beispiel mit der Krankenkasse durch einen anderen Zahnarzt nachbehandeln lassen. Sonst kann die Durchsetzung von berechtigten Schadenersatzansprüchen ohne gutachterliche Klärung im Vorfeld erheblich erschwert werden.

Ihre Patientenrechte

Wer seine Rechte als Patient kennt, kann sie auch nutzen. In welchem Umfang muss mein behandelnder Arzt mich aufklären? Wie weit reicht die ärztliche Schweigepflicht? Kann ich die Art und den Umfang der medizinischen Behandlung selbst bestimmen? Kann ich im Zweifel auch den Rat eines zweiten Arztes einholen?

Eine gesetzliche Regelung, die die Rechte des Patienten normiert, gibt es in Deutschland nicht. Dies bedeutet jedoch nicht, dass ein Patient keine Rechte gegenüber seinem Arzt hat. Eine Festlegung solcher Rechte ist in großem Umfang durch die Rechtsprechung, also durch Urteile der Gerichte zu Einzelfällen, erfolgt. Um sowohl den Patienten als auch den im Gesundheitswesen Beteiligten einen Überblick über diese Patientenrechte zu verschaffen, legte eine vom Bundesgesundheitsministerium und Bundesjustizministerium eingerichtete Arbeitsgruppe im Oktober 2003 eine Charta der Patientenrechte vor. Sie wurde von allen am Gesundheitswesen Beteiligten erarbeitet. Mit der neuen Charta soll den Patienten ein Überblick über die wesentlichen Rechte und Pflichten im Rahmen der ärztlichen Behandlung gegeben werden.

Übersicht: Die Patientenrechte auf einen Blick

- Der Patient kann den Arzt und das Krankenhaus grundsätzlich frei wählen und wechseln. Er kann auch den Rat eines zweiten Arztes einholen.
- Die ärztliche Behandlung muss sorgfältig nach den anerkannten Regeln der ärztlichen Kunst erfolgen, auch eingesetzte Arzneimittel müssen die gesetzlich vorgeschriebenen Qualitäts- und Sicherheitsanforderungen erfüllen.
- Der Patient kann selbst bestimmen, ob und in welchem Umfang er behandelt wird – unabhängig davon, ob er sich damit selber schadet. Erfolgt ein Eingriff, muss eine entsprechende Einwilligung des Patienten vorliegen.
- Zwar sind lebensverkürzende Maßnahmen verboten, doch können Patienten lebenserhaltende oder -verlängernde Maßnahmen ablehnen. Eine solche Entscheidung kann bereits im Voraus im Rahmen einer Patientenverfügung erfolgen.
- Der Arzt muss den Patienten rechtzeitig vor der Behandlung und grundsätzlich in einem persönlichen Gespräch über Art und Umfang der Maßnahmen und die damit verbundenen gesundheitlichen Risiken aufklären.

- Bei Behandlungen, deren Wirksamkeit und Sicherheit wissenschaftlich noch nicht abgesichert ist, muss der Patient umfassend über die Durchführungsbedingungen, über Nutzen und Risiken sowie über Behandlungsalternativen aufgeklärt werden. Er hat das Recht, eine Versuchsbehandlung abzulehnen, ohne dass ihm daraus Nachteile bei der medizinischen Versorgung erwachsen.
- Die wichtigsten diagnostischen und therapeutischen Maßnahmen und Verlaufsdaten müssen dokumentiert werden
- Der Patient oder eine von ihm beauftragte Person seines Vertrauens kann grundsätzlich alle Unterlagen einsehen und Kopien erstellen. Ausgenommen hiervon sind Aufzeichnungen mit subjektiven Einschätzungen und Eindrücken des Arztes.
- Informationen über einen Patienten dürfen von Ärzten, Pflegepersonal, Krankenhäusern und Krankenversicherern an niemanden ohne Einwilligung des Betroffenen herausgegeben werden.
- Sollte es zu Fehldiagnosen und Behandlungsfehlern kommen, stehen dem Patienten Schadenersatz- und Schmerzensgeldansprüche zu.
- Mit Beschwerden kann sich der Patient an die Ärzte- oder Zahnärztekammern, Krankenkassen oder an freie Patientenberatungs- und Patientenbeschwerdestellen, Verbraucherzentralen und Selbsthilfeorganisationen wenden.
- Streitfälle können vor den von Ärzte- und Zahnärztekammern eingerichteten Gutachter- und Schlichtungsstellen außergerichtlich beigelegt werden. Auf Wunsch des Versicherten beraten und unterstützen

die gesetzlichen Krankenkassen kostenlos ihre Versicherten bei der Durchsetzung möglicher Schadenersatzansprüche.

- Informationen von Patientenberatungs- und Patientenbeschwerdestellen und die Geltendmachung von Ansprüchen bei den Gutachter- und Schlichtungsstellen sind regelmäßig kostenlos. Bei einer rechtsanwaltlichen Beratung oder gerichtlichen Geltendmachung von Ansprüchen entstehen jedoch Kosten.
- Die Charta beschreibt in verständlicher Sprache die Rechte der Patienten auf Beratung, ärztliche Versorgung, Information und Aufklärung. Sie macht das geltende Medizinrecht transparenter. Sie geht auf Erwartungen, Rechte und Pflichten von Patienten und Ärzten ein und macht so die differenzierten Regelungen des Arztrechts für Patienten durchsichtiger. Künftig haben es Patienten leichter, ihre Rechte geltend zu machen.

Zum Abschluss: Häufig gestellte Fragen

Ist Amalgam giftig? Über einzelne Bestandteile wird kontrovers diskutiert. (Siehe entsprechendes Kapitel)

Gibt es eine Amalgamallergie? Einzelne Bestandteile können schuld an Allergien sein. Einen Allergietest führt ein Hautarzt oder ein Facharzt für Allergien durch.

Ist Quecksilber giftig? Quecksilber ist als Dampf in der Luft schädlich. Bestimmte Grenzwerte sollen beim Einatmen nicht überschritten werden. Ebenfalls ist in der Nahrung vorkommendes Quecksilber bedenklich.

Gibt es eine Amalgamalternative? Ja. Als Ersatz bieten sich Gold, Keramik oder Compomere an.

Wie haltbar ist eine Amalgamfüllung? Die Haltbarkeit von Füllungen wird in erster Linie durch die Mundhygiene, genauer gesagt das erneute Auftreten von Karies bestimmt.

Bezahlt die Krankenkasse Amalgam? Die Krankenkassen bezahlen die preisgünstigste Lösung, und dies ist Amalgam.

Wie haltbar ist eine Kunststofffüllung? Die Haltbarkeit von Füllungen wird in erster Linie durch die Mundhygiene, genauer gesagt das erneute Auftreten von Karies bestimmt. Bei direkter

Kaubelastung ist eine Kunststofffüllung nach einigen Jahren abgenutzt, sodass sie erneuert werden muss.

Bezahlt die Krankenkasse Kunststofffüllungen? Die Krankenkassen bezahlen Kunststofffüllungen in besonderen Fällen wie Amalgamallergien oder -unverträglichkeiten.

Was ist eine Präparation? Präparieren nennt man das Beschleifen eines Zahnes zur Aufnahme einer Krone.

Was ist ein Inlay? Ein Inlay ist eine Einlagefüllung, die außerhalb des Mundes hergestellt wird. Es gibt sie aus Gold, Kunststoff oder Keramik.

Was ist Zahngold? Zahngold ist eine Legierung aus Gold und Bestandteilen wie Silber, Platin, Palladium und weiteren Metallen. Je höher der Goldanteil, desto höher ist die Qualität und der Preis.

Kann man eine Brücke herausnehmen? Nein. Eine Brücke wird auf den Zähnen fest zementiert oder geklebt. Um eine Brücke zu entfernen, muss sie in der Regel zerstört werden.

Bezahlt die Krankenkasse Zahnersatz? Die Krankenkasse beteiligt sich an den Kosten mit einem Festzuschuss.

Muss eine Prothese neu angefertigt werden, wenn sie zerbricht? In den meisten Fällen kann eine Prothese repariert werden, wobei die Haltbarkeit voll wiederhergestellt ist.

Muss man eine Prothese herausnehmen? Ja. Prothesen müssen zur Reinigung herausgenommen werden.

Wie oft muss ich eine Prothese reinigen? Eine Prothese wird am besten nach jeder Mahlzeit gereinigt.

Muss ich eine Prothese nachts in Wasser legen? Nein. Der beste Aufbewahrungsort ist der Mund mit seinem Speichel.

Bezahlt die Krankenkasse eine Parodontosebehandlung? Ja.

Ich habe mein Bonusheft verloren. Kann ich meinen Anspruch auf einen höheren Kassenzuschuss zum Zahnersatz irgendwie retten? Setzen Sie sich mit Ihrem Zahnarzt in Verbindung. Er kann Ihnen ein neues Bonusheft ausstellen und die Termine der vergangenen zehn Jahre nachtragen und abstempeln – natürlich nur, falls Sie tatsächlich jedes Jahr zur Kontrolluntersuchung dort waren.

Muss ich auch als Gebissträger jedes Jahr zum Zahnarzt, obwohl ich keinen einzigen eigenen Zahn mehr habe? Ja. Nur, wenn Sie ab 1999 jährlich zur Kontrolle beim Zahnarzt waren, erhalten sie den 65-Prozent-Zuschuss zum Erneuern oder Reparieren Ihrer Vollprothese. Vorsorgeuntersuchungen für die Jahre bis 1998 müssen Gebissträger nicht dokumentieren. Damals hatten sich Kassen und Zahnärzte bei Einführung der Bonusregelung darauf verständigt, dass das Bonusheft für Träger von Vollprothesen überflüssig ist. Inzwischen haben sie ihre Meinung aber geändert.

Ich beziehe Arbeitslosengeld II. Was muss ich dazubezahlen, wenn ich eine Krone oder Brücke brauche? Wenn Sie eine Versorgung wählen, die genau der Regelversorgung entspricht, müssen Sie nichts zahlen. Sie erhalten als Empfänger von Arbeitslosengeld II oder von Sozialhilfe einen Festzuschuss in Höhe von 100 Prozent der Regelversorgung. Die Höhe des Zuschusses ist übrigens nicht abhängig davon, ob Sie in der Vergangenheit regelmäßig beim Zahnarzt waren. Wenn Sie jedoch höherwertige Materialien oder eine teurere Ausführung wollen, müssen Sie das aus eigener Tasche zahlen.

Kann ich Zahnersatz auch vollständig privat versichern? Nein. Als gesetzlich Krankenversicherter können Sie nur eine private Zusatzversicherung abschließen. Diese beteiligt sich an den Kosten für höherwertiges Material und teurere Versorgungen. Ein Eigenanteil von 10 bis 20 Prozent der Gesamtrechnung bleibt aber immer.

Beträgt bei der Zahnzusatzversicherung die Versicherungsdauer tatsächlich nur ein Jahr? Ja, die Versicherung ist tatsächlich schon zum Ende des ersten Versicherungsjahres kündbar. Wenn sie jedoch nicht gekündigt wird, verlängert sich die Versicherung automatisch von Jahr zu Jahr.

Sind auch Leistungen für Zahnspangen versichert? Nein, Leistungen für Kieferorthopädie sind in diesem Tarif nicht versichert. Im Regelfall erstattet die gesetzliche Krankenversicherung aber die Spangenbehandlung bei Kindern. Die kieferorthopädische Behandlung wird von den Krankenkassen als Sachleistung erbracht. Das bedeutet, dass die Kosten über die Krankenversichertenkarte abgerechnet werden. Die Krankenkasse übernimmt zunächst 80 Prozent der Behandlungskosten. Wenn zwei oder mehr Kinder gleichzeitig behandelt werden, zahlen die meisten Kassen zunächst 90 Prozent. Der Vertragszahnarzt rechnet die Behandlungskosten direkt mit der Krankenkasse ab. Sie erhalten lediglich eine Rechnung über Ihren gesetzlichen Eigenanteil von 20 beziehungsweise 10 Prozent. Wenn die Behandlung planmäßig abgeschlossen wurde, erstattet die Kasse ihren Versicherten umgehend auch den bis dahin gezahlten Eigenanteil.

Anhang

Patientenberatungsstellen

Alle Zahnärztekammern unterhalten Patientenberatungsstellen. Hier finden Sie ihre Anschriften und Öffnungszeiten geordnet nach Bundesländern.

Baden-Württemberg

BZK Stuttgart
Albstadtweg 9
70567 Stuttgart
Tel. (07 11) 7 87 70
Fax (07 11) 7 87 72 38
info@bzk-stuttgart.de
Öffnungszeiten: allgemeine Sprechzeiten monatlich, jedoch auch individuell bei Bedarf

BZK Freiburg
Merzhauser Str. 114–116
79100 Freiburg
Tel. (07 61) 4 50 60
Fax (07 61) 4 50 64 00
info@kzv-freiburg.de

BZK Karlsruhe
Joseph-Meyer-Str. 8–10
68167 Mannheim
Tel. (06 21) 38 00 00
Fax (06 21) 38 00 01 00
info@bzk-karlsruhe.de
Öffnungszeiten: Montag bis Freitag 8 bis 12 Uhr

BZK Tübingen
Bismarckstr. 96
72072 Tübingen
Tel. (0 70 71) 91 12 11
Fax (0 70 71) 91 12 09
kzv-tuebingen@t-online.de

Bayern

Fallstr. 34
81369 München
Tel. (0 89) 72 48 00
Fax (0 89) 72 48 04 44
blzk@blzk.de
Öffnungszeiten: Jeden Mittwoch von 15 Uhr bis 18 Uhr außer an Feiertagen und in den bayerischen Schulferien

Berlin

Georg-Wilhelm-Str. 16
10711 Berlin
Tel. (0 30) 8 90 04-4 44
Fax (0 30) 8 90 04-1 02
Telefonische Beratung: Dienstag von 9 Uhr bis 15 Uhr, persönliche Beratung: Donnerstag von 15 Uhr bis 18 Uhr (nach telefonischer Vereinbarung)

Brandenburg

Patientenberatungsstelle
des Landes Brandenburg
Parzellenstr. 94
03046 Cottbus
Tel. (03 55) 3 81 48 24
Fax (03 55) 3 81 48 48
www.lzkb.de

Patientenberatungsstelle
der Stadt Brandenburg
Kurstr. 7
14776 Brandenburg
Tel. (0 33 81) 52 41 74
Fax (0 33 81) 52 44 96

Patientenberatungsstelle
der Stadt Cottbus
Am Turm 14
03046 Cottbus
Tel. (03 55) 3 11 68
Fax (03 55) 79 40 80
Öffnungszeiten: jeden 3. Dienstag im Monat von 15 Uhr bis 17 Uhr

Patientenberatungsstelle der Stadt Eberswalde
Breite Str. 40
16225 Eberswalde
Tel. (0 33 34) 2 34 97
Fax (0 33 34) 23 73 52

Patientenberatungsstelle
der Stadt Frankfurt/Oder
Karl-Marx-Str. 8a
15230 Frankfurt/O.
Tel. (03 35) 5 00 48 77
Fax (03 35) 5 00 48 78
Öffnungszeiten: jeden letzten Mittwoch im Monat von 15 Uhr bis 17 Uhr

Patientenberatungsstelle der Stadt Königs-Wusterhausen
Bahnhofsstr. 3
15711 Königs-Wusterhausen
Tel. (0 33 75) 29 46 51
Fax (0 33 75) 29 46 52
Öffnungszeiten: jeden 1. Mittwoch im Monat von 15 Uhr bis 17 Uhr

Patientenberatungsstelle
der Stadt Perleberg
Puschkinstr. 12
19348 Perleberg
Tel. (0 38 76) 78 85 91
Fax (0 38 76) 78 85 99

Patientenberatungsstelle der Stadt Potsdam
Ebräer Str. 8
14467 Potsdam
Tel. (03 31) 2 80 07 94
Fax (03 31) 2 98 71 77
Öffnungszeiten: jeden 2. Dienstag im Monat von 16 Uhr bis 18 Uhr

Bremen

Universitätsallee 25
28359 Bremen
Tel. (04 21) 3 33 03 66
Fax (04 21) 3 33 03 23
Telefonische Beratung: Montag bis Donnerstag von 8.30 Uhr bis 16.00 Uhr, Freitag von 8.30 Uhr bis 12.30 Uhr; jeden 4. Donnerstag im Monat persönliche Beratung (nach telefonischer Vereinbarung)

Hamburg

KZV Hamburg
Katharinenbrücke 1
20457 Hamburg
Tel. (0 40) 36 14 72 22
Fax (0 40) 36 44 70
Telefonische Beratung: mittwochs von 15 Uhr bis 17 Uhr

ZÄK Hamburg
Möllner Landstr. 31
22111 Hamburg
Tel. (0 40) 73 34 05 51
Fax (0 40) 73 34 05 75
Öffnungszeiten: Montag, Mittwoch, Freitag von 8.30 Uhr bis 12.30 Uhr und Dienstag von 12 Uhr bis 17 Uhr

Hessen

Rhonestr. 4
60528 Frankfurt/Main
Tel. (0 18 05) 20 20 52, (0 69) 42 72 75-1 63
Fax: (0 69) 4 27 27 51 65
box@lzkh.de
Öffnungszeiten: Montag bis Donnerstag von 9 Uhr bis 16.30 Uhr und Freitag von 9 Uhr bis 15 Uhr

Mecklenburg-Vorpommern

Wismarsche Str. 304
19055 Schwerin
Tel. (03 85) 5 49 20
Fax (03 85) 5 49 24 98
Telefonische Beratung: Mittwoch von 15 Uhr bis 17 Uhr (außer in den Schulferien)

Niedersachsen

Zeißstr. 11a
30519 Hannover
Tel. (08 00) 9 99 00 00
Fax: Telefonnummer außerhalb der Sprechzeiten
Öffnungszeiten: Mittwoch von 15 Uhr bis 18 Uhr

Nordrhein

Emanuel-Leutze-Str. 8
40547 Düsseldorf
Tel. (08 00) 5 26 05 00
Fax (02 11) 5 26 05 21
info@zaek-nr.de
Telefonishe Beratung: Mittwoch von 14 Uhr bis 17 Uhr

Rheinland-Pfalz

Langenbeckstr. 2
55131 Mainz
Tel. (0 61 31) 9 61 36 60
Fax (0 61 31) 9 61 36 89

Patientenberatungsstelle BZK Pfalz
Brunhildenstr. 1
67059 Ludwigshafen
Tel. (06 21) 5 29 92 89
Öffnungszeiten: Donnerstag von 18.30 Uhr bis 19.30 Uhr

Patientenberatungsstelle BZK Rhein-Hessen
Eppichmauergasse 1
55116 Mainz
Tel. (0 61 31) 2 87 76 40
Öffnungszeiten: Donnerstag von 9 Uhr bis 12 Uhr und von 14 Uhr bis 16 Uhr

Patientenberatungsstelle Koblenz
Bahnhofstr. 32
56068 Koblenz
Tel. (0261) 91 20 11 11
Öffnungszeiten: jeden 2. Mittwoch von 14 Uhr bis 18 Uhr

Patientenberatungsstelle Trier
Bahnhofstr. 32
56068 Koblenz
Tel. (02 61) 3 51 42

Saarland

Puccinistr. 2
66119 Saarbrücken
Tel. (06 81) 5 86 08 25
Fax (06 81) 5 86 08 14
Telefonische Beratung: Mittwoch von 14 Uhr bis 16 Uhr

Sachsen

Schützenhöhe 11
01099 Dresden
Tel. (0351) 8 06 62-40
Fax (0351) 8 06 62-41
patientenberatung@lzk-sachsen.de
Öffnungszeiten: Montag bis Donnerstag von 7 Uhr bis 18 Uhr sowie Freitag von 7 Uhr bis 13 Uhr

Sachsen-Anhalt

Patientenberatungsstelle
Zahnärztekammer Sachsen-Anhalt
Große Diesdorfer Str. 162
39110 Magdeburg
Tel. (03 91) 7 39 39 12
Fax (03 91) 7 39 39 20
www.zaek-sa.de
Öffnungszeiten: jeden 3. Mittwoch im Monat von 13 Uhr bis 15 Uhr

Patientenberatungsstelle Halle
Graefestr. 22
06110 Halle
Terminvereinbarung unter
(03 91) 7 39 39 12
Öffnungszeiten: jeden 2. Donnerstag im Monat von 12 Uhr bis 14 Uhr

Patientenberatungsstelle Dessau
Raumerstr. 18
06842 Dessau
Tel. (03 40) 2 20 29 45
Fax (03 40) 2 20 29 42
Öffnungszeiten: jeden 1. Montag im Monat von 12 Uhr bis 14 Uhr

Patientenberatungsstelle Stendal
Wendtstr. 30, Raum 237
39576 Stendal
Terminvereinbarung unter
(03 91) 7 39 39 12
Öffnungszeiten: jeden 1. Mittwoch im Monat von 14 Uhr bis 16 Uhr

Patientenberatung Halberstadt
Johann-Sebastian-Bach-Str. 23
38820 Halberstadt
Terminvereinbarung unter
(03 91) 7 39 39 12
Öffnungszeiten: jeden letzten Mittwoch im Monat von 14 Uhr bis 16 Uhr

Schleswig-Holstein

Westring 498
24106 Kiel
Tel. (04 31) 2 60 92 60
oder Service-Hotline (0 18 03) 26 09 26
Fax (04 31) 26 09 26 15
info@zahnhotline.de
Öffnungszeiten: Montag bis Donnerstag von 8.30 Uhr bis 15.30 Uhr sowie Freitag von 8 Uhr bis 11.30 Uhr

Thüringen

Barbarossahof 16
99092 Erfurt
Tel. (03 61) 7 43 21 21
Fax (03 61) 7 43 21 50
pb@lzkth.de
Öffnungszeiten: Montag, Dienstag und Donnerstag von 8 Uhr bis 16 Uhr, Mittwoch von 8 Uhr bis 17 Uhr sowie Freitag von 8 Uhr bis 14 Uhr

Westfalen-Lippe

Auf der Horst 29
48147 Münster
Tel. (08 00) 5 17 13 17/8
Fax (02 51) 50 75 70
Öffnungszeiten: Mittwoch von 15 Uhr bis 19 Uhr

Auszug aus der Berufsordnung für Ärzte

Pflichten gegenüber Patienten

§ 7 Behandlungsgrundsätze und Verhaltensregeln

(1) Jede medizinische Behandlung hat unter Wahrung der Menschenwürde und unter Achtung der Persönlichkeit, des Willens und der Rechte der Patientinnen und Patienten, insbesondere des Selbstbestimmungsrechts, zu erfolgen.

(2) Ärztinnen und Ärzte achten das Recht ihrer Patientinnen und Patienten, die Ärztin oder den Arzt frei zu wählen oder zu wechseln. Andererseits sind – von Notfällen oder besonderen rechtlichen Verpflichtungen abgesehen – auch Ärztinnen und Ärzte frei, eine Behandlung abzulehnen. Den begründeten Wunsch der Patientin oder des Patienten, eine weitere Ärztin oder einen weiteren Arzt zuzuziehen oder einer anderen Ärztin oder einem anderen Arzt überwiesen zu werden, soll die behandelnde Ärztin oder der behandelnde Arzt in der Regel nicht ablehnen.

(3) Ärztinnen und Ärzte dürfen individuelle ärztliche Behandlung, insbesondere auch Beratung, weder ausschließlich brieflich noch in Zeitungen oder Zeitschriften noch ausschließlich über Kommunikationsmedien oder Computerkommunikationsnetze durchführen.

(4) Angehörige von Patientinnen und Patienten und andere Personen dürfen bei der Untersuchung und Behandlung anwesend sein, wenn die verantwortliche Ärztin oder der verantwortliche Arzt und die Patientin oder der Patient zustimmen.

§ 8 Aufklärungspflicht

Zur Behandlung bedürfen Ärztinnen und Ärzte der Einwilligung der Patientin oder des Patienten. Der Einwilligung hat grundsätzlich die erforderliche Aufklärung im persönlichen Gespräch vorauszugehen.

§ 9 Schweigepflicht

(1) Ärztinnen und Ärzte haben über das, was ihnen in ihrer Eigenschaft als Ärztin oder Arzt anvertraut oder bekannt geworden ist – auch über den Tod der Patientin oder des Patienten hinaus – zu schweigen. Dazu gehören auch schriftliche Mitteilungen der Patientin oder des Patienten, Aufzeichnungen über Patientinnen und Patienten, Röntgenaufnahmen und sonstige Untersuchungsbefunde.

(2) Ärztinnen und Ärzte sind zur Offenbarung befugt, soweit sie von der Schweigepflicht entbunden worden sind oder soweit die Offenbarung zum Schutze eines höherwertigen Rechtsgutes erforderlich ist. Gesetzliche Aussage- und Anzeigepflichten bleiben unberührt. Soweit gesetzliche Vorschriften die Schweigepflicht der Ärztin oder des Arztes einschränken, soll die Ärztin oder der Arzt die Patientin oder den Patienten darüber unterrichten.

(3) Ärztinnen und Ärzte haben ihre Mitarbeiterinnen und Mitarbeiter und die Personen, die zur Vorbereitung auf den Beruf an der ärztlichen Tätigkeit teilnehmen, über die gesetzliche Pflicht zur Verschwiegenheit zu belehren und dies schriftlich festzuhalten.

(4) Wenn mehrere Ärztinnen und Ärzte gleichzeitig oder nacheinander dieselbe Patientin oder denselben Patienten untersuchen oder behandeln, so sind sie untereinander von der Schweigepflicht insoweit befreit, als das Einverständnis der Patientin oder des Patienten vorliegt oder anzunehmen ist.

§ 10 Dokumentationspflicht

(1) Ärztinnen und Ärzte haben über die in Ausübung ihres Berufes gemachten Feststellungen und getroffenen Maßnahmen die erforderlichen Aufzeichnungen zu machen. Diese sind nicht nur Gedächtnisstützen für die Ärztin oder den Arzt, sie dienen auch dem Interesse der Patientin oder des Patienten an einer ordnungsgemäßen Dokumentation.

(2) Ärztinnen und Ärzte haben Patientinnen und Patienten auf deren Verlangen grundsätzlich in die sie betreffenden Krankenunterlagen Einsicht zu gewähren; ausgenommen sind diejenigen Teile, welche subjektive Eindrücke oder Wahrnehmungen der Ärztin oder des Arztes enthalten. Auf Verlangen sind der Patientin oder dem Patienten Kopien der Unterlagen gegen Erstattung der Kosten herauszugeben.

(3) Ärztliche Aufzeichnungen sind für die Dauer von zehn Jahren nach Abschluss der Behandlung aufzubewahren, soweit nicht nach gesetzlichen Vorschriften eine längere Aufbewahrungspflicht besteht.

(4) Nach Aufgabe der Praxis haben Ärztinnen und Ärzte ihre ärztlichen Aufzeichnungen und Untersuchungsbefunde gemäß Absatz 3 aufzubewahren oder dafür Sorge zu tragen, dass sie in gehörige Obhut gegeben werden. Ärztinnen und Ärzte, denen bei einer Praxisaufgabe oder Praxisübergabe ärztliche Aufzeichnungen über Patientinnen und Patienten in Obhut gegeben werden, müssen diese Aufzeichnungen unter

Verschluss halten und dürfen sie nur mit Einwilligung der Patientin oder des Patienten einsehen oder weitergeben.

(5) Aufzeichnungen auf elektronischen Datenträgern oder anderen Speichermedien bedürfen besonderer Sicherungs- und Schutzmaßnahmen, um deren Veränderung, Vernichtung oder unrechtmäßige Verwendung zu verhindern. Ärztinnen und Ärzte haben hierbei die Empfehlungen der Ärztekammer zu beachten.

§ 11 Ärztliche Untersuchungs- und Behandlungsmethoden

(1) Mit Übernahme der Behandlung verpflichten sich Ärztinnen und Ärzte den Patientinnen und Patienten gegenüber zur gewissenhaften Versorgung mit geeigneten Untersuchungs- und Behandlungsmethoden.

(2) Der ärztliche Berufsauftrag verbietet es, diagnostische oder therapeutische Methoden unter missbräuchlicher Ausnutzung des Vertrauens, der Unwissenheit, der Leichtgläubigkeit oder der Hilflosigkeit von Patientinnen und Patienten anzuwenden. Unzulässig ist es auch, Heilerfolge, insbesondere bei nicht heilbaren Krankheiten, als gewiss zuzusichern.

§ 12 Honorar und Vergütungsabsprachen

(1) Die Honorarforderung muss angemessen sein. Für die Bemessung ist die Amtliche Gebührenordnung (GOÄ) die Grundlage, soweit nicht andere gesetzliche Vergütungsregelungen gelten. Ärztinnen und Ärzte dürfen die Sätze nach der GOÄ nicht in unlauterer Weise unterschreiten. Bei Abschluss einer Honorarvereinbarung haben Ärztinnen und Ärzte auf die Einkommens- und Vermögensverhältnisse der oder des Zahlungspflichtigen Rücksicht zu nehmen.

(2) Ärztinnen und Ärzte können Verwandten, Kolleginnen und Kollegen, deren Angehörigen und mittellosen Patientinnen und Patienten das Honorar ganz oder teilweise erlassen.

(3) Auf Antrag eines Beteiligten gibt die Ärztekammer eine gutachterliche Äußerung über die Angemessenheit der Honorarforderung ab.

Kleines Zahnlexikon

Amalgam Diese Mischung aus Quecksilber und anderen Metallen wird seit 150 Jahren verwendet. Fast genauso alt ist die immer wieder auftauchende Kritik gegen diesen kostengünstigen, für mittelgroße Kavitäten (Löcher in der Zahnsubstanz) vor allem im Seitenzahnbereich geeigneten und vom Zahnarzt direkt und schnell verwendbaren Füllstoff. Haltbar sind die Füllungen zum Teil über zehn Jahre. Nur in den äußerst seltenen Fällen von Allergien sollte das sich öfter dunkel verfärbende Metall nicht verwendet werden. Alternativen zu Amalgamfüllungen sind zum einen Keramik-Inlays, zum anderen Gold-Inlays.

BEL Das »Bundeseinheitliche Verzeichnis für zahntechnische Leistungen« (BEL) ist ein schriftlicher Leistungskatalog abrechnungsfähiger Positionen. In diesem Verzeichnis sind die Abrechnungskennziffern und der Leistungstext für zahntechnische Labors verbindlich festgelegt. Es werden in den einzelnen Bundesländern von den beteiligten Organisationen »Höchstpreise« verhandelt und in den BEL-Listen bekannt gegeben. Ferner wird durch das BEL ein bestimmtes Leistungsniveau durch die Vorgabe abrechnungsfähiger Positionen definiert. Alle über dieses Maß hinausgehenden Leistungen und/oder die individuelle Gestaltung patientenspezifischer Mehrleistungen werden nach gesonderten Abrechnungspositionen privat verrechnet. Es gibt einen bundeseinheitlichen Mittelpreis für alle Abrechnungspositionen für alle Vertragsgebiete. BEL-Abrechnungspreise dürfen von diesem Mittelpreis um maximal 5 Prozent nach oben oder unten abweichen. Die verbindlichen Höchstpreise werden weiterhin auf Länderebene verhandelt.

Sie haben die Möglichkeit, die aktuellen BEL-Listen inklusive dem gültigen Preis im Internet herunterzuladen. Bitte beachten Sie dabei, dass im Land Nordrhein-Westfalen zwei unterschiedliche Preislisten bestehen. Die für Sie gültige Liste richtet sich nach der örtlichen Zugehörigkeit zum Landesinnungsverband Westfalen-Lippe mit Sitz in Münster (= NRW1) oder Nordrhein mit Sitz in Düsseldorf (= NRW2). Die Grenze im Ruhrgebiet verläuft zum Beispiel zwischen Bochum (NRW1) und Essen (NRW2).

Bioverträglichkeit Ein Material ist dann bioverträglich, wenn es sich im Körper neutral verhält, also wenn es keine allergischen oder gar toxischen (giftigen) Reaktionen auslöst – auch nicht nach Jahren. Diese Mundbeständigkeit ist von mehreren Faktoren abhängig:

- von der Zusammensetzung des Materials,
- vom Herstellungsverfahren,

- von der korrekten Verarbeitung durch Zahntechniker und -arzt und
- von der Mundflora, vor allem der Speichelzusammensetzung.

Ausgezeichnet bioverträglich sind die verschiedenen Keramikwerkstoffe, die von Natur aus eine so geringe Löslichkeit besitzen, dass sie für die Verwendung im Mund bestens geeignet sind – das belegen auch positive Langzeiterfahrungen. Kombiniert mit ihren optischen Vorzügen ist Keramik eine ästhetisch ansprechende und sehr gut verträgliche Lösung für Kronen, Brücken und Inlays. Ein für Gussrestaurationen häufig benutzter Werkstoff ist Gold in verschiedenen Legierungen mit anderen Metallen. Günstige Spar- oder Billiglegierungen für den Zahnersatz sollte man genau unter die Lupe nehmen.

Brücke Als Brücke bezeichnet man einen festsitzenden Zahnersatz zur Schließung einer Zahnlücke, der an vorhandenen Zähnen befestigt wird, die vorher beschliffen werden und als Brückenanker dienen. Die Unterkonstruktion – auch Gerüst genannt – ist meist aus Edelmetall und wird mit einer zahnfarbenen Keramikmasse verblendet. Dieses Verfahren ist extrem stabil und langlebig. Mit einer Keramikverblendung lässt sich die Brücke ästhetisch anspruchsvoll der natürlichen Zahnsubstanz angleichen. Für metallfreie Lösungen gibt es die Alternative des vollkeramischen Zahnersatzes, der aus einem keramischen Kern und einer Keramikvollverblendung besteht. Eine sehr hochwertige Variante sind bioästhetische Restaurationen mit Brückengerüsten aus Zirkonoxid. Unabhängig von der Zahl der Glieder sind metallfreie Brücken heute bis zu einer anatomischen Länge von bis zu 50 Millimetern machbar. Die Unterkonstruktionen aus Zirkonoxid werden computergesteuert aus einem Block gefräst, nachdem Ihre individuelle Zahnsituation im Computer eingescannt wurde. Dieses Verfahren ist eines der modernsten Systeme, die es zur Zeit weltweit gibt.

Galvanokrone/Galvano-Inlay Diese hochwertige Versorgungsform zeichnet sich aus durch hervorragende Passgenauigkeit, beste kosmetische Ergebnisse, sehr gute Verträglichkeit und lange Haltbarkeit, da das Metallgerüst aus reinem Gold besteht. Die zahnfarbene Verblendung erfolgt mit einer hochwertigen Keramik.

Gold Gold ist ein für Gussrestaurationen häufig benutzter Werkstoff. In der Zahnmedizin kommen Legierungen, also Mischungen aus Gold und anderen Metallen, zum Einsatz. Bestimmte Zusammensetzungen sind für den dauerhaften Einsatz im Mund allerdings ungeeignet. Bei rund 700 verschiedenen in Deutschland angebotenen Goldlegierungen fällt der Überblick schwer. Fragen Sie Ihren Zahnarzt nach der Zusammensetzung der Legierungen und nach bekannten Allergien. So finden Sie gemeinsam das am besten geeignete Material.

Implantat Ein Zahnimplantat ist ein Ersatz für eine fehlende Zahnwurzel. So kann beispielsweise ein einzelner Zahn ersetzt werden, ohne die gesunden Nachbarzähne zu beschädigen. Moderne zahnärztliche Implantate sind zumeist zylindrische oder schraubenförmige Körper aus Titan mit spezieller Oberflächenstrukturierung. Der Implantatkörper wird vom Zahnarzt in den Kiefer eingesetzt, wo er mit dem Knochen verwächst. Auf dem Kopfteil kann dann eine neue Zahnkrone oder beispielsweise ein Druckknopf oder ein Steg zur Befestigung einer Prothese angebracht werden.

Ob ein Implantat die Versorgung der Wahl ist, klärt der Zahnarzt im Rahmen einer individuellen Untersuchung sorgfältig ab. Das Einsetzen der künstlichen Zahnwurzel erfolgt in der Regel unter örtlicher Betäubung in der Praxis, seltener stationär in einer Klinik. Die Einheilungszeit liegt bei ungefähr drei bis sechs Monaten. Das Implantat selbst verursacht keine Schmerzen und wird auch nicht als Fremdkörper empfunden.

Die Haltbarkeit von Implantaten hängt vor allem von einer konsequenten Mundhygiene ab. Werden sie sorgfältig gepflegt und regelmäßig kontrolliert, können Implantate selbst nach Jahrzehnten noch zuverlässig im Kieferknochen verankert sein.

Inlay/Onlay Inlays und Onlays aus Gold oder Keramik sind so genannte Einlagefüllungen, die im zahntechnischen Labor hergestellt werden. Sie dienen der Versorgung größerer Schäden, die mit Amalgam- oder Kunststofffüllungen nicht zu beheben sind. Inlays und Onlays sind grundsätzlich Privatleistungen, sie werden nicht von den gesetzlichen Krankenkassen bezahlt.

Inlays sind rundum von Zahnsubstanz umgeben, bei Onlays ragt die Füllung über einen oder mehrere Zahnhöcker hinaus. Der Übergang zur Teilkrone, die ebenfalls einen oder mehrere Zahnhöcker abdeckt, ist fließend. Die Art der Füllung hängt davon ab, wie viel gesunde Zahnsubstanz noch erhalten ist.

Ähnlich wie Kronen sind auch Inlays und Onlays individuelle, auf tausendstel Millimeter präzise vom Zahntechniker gefertigte Produkte, die sich neben ihrer Hochwertigkeit durch maximale Haltbarkeit auszeichnen.

Zum Einsetzen sind zwei Behandlungstermine beim Zahnarzt notwendig: Beim ersten werden der betroffene Zahn von Karies befreit, Abformungen von den Kiefern vorgenommen und das Loch provisorisch gefüllt. Der Zahntechniker gießt die Abdrücke mit Spezialhartgips aus und stellt so ein naturidentisches Modell her, auf dem die Inlays und Onlays gefertigt werden. Bei der zweiten Sitzung setzt der Arzt die Einlagefüllung ein, kontrolliert die Form, schleift eventuell Feinheiten nach und befestigt sie dann – je nach Material – mit Zement oder Kleber.

Wenn Sie auf maximale Stabilität, Lebensdauer und Bioverträglichkeit Wert legen, sind Inlays und Onlays erste Wahl. Goldguss-Inlays zeichnen sich durch gute Verträglichkeit und langer Haltbarkeit von zehn bis 15 Jahren aus. Sie eignen sich für alle Schäden, vorrangig für größere Kavitäten in Backenzähnen. Keramik-Inlays eignen sich für mittelgroße und große Füllungen, sie sind gut verträglich und werden mit einem Kunststoffkleber eingepasst. Das Ergebnis sind dicht abschließende Ränder und eine perfekte Anpassung an die natürliche Zahnsubstanz.

Keramik Keramik ist das Material, welches nach heutigem Stand der Technik der natürlichen Zahnsubstanz am nächsten kommt. Keramische Werkstoffe sind biologisch optimal verträglich. Sie verändern weder das Mundmilieu, noch werden sie selbst dadurch beeinflusst. Zudem schont die geringe Wärmeleitfähigkeit den Zahnnerv. Auch zu anderen Restaurationswerkstoffen, zum Beispiel bei bereits vorhandenen metallischen Versorgungen, verhält sich die Keramik neutral. Ihre chemische Widerstandskraft übertrifft selbst hochwertige Metalle. Keramik ist absolut farbbeständig und abrasionsfest. Wissenschaftliche Studien belegen, dass keramische Restaurationen ebenso langlebig sind wie Edelmetallversorgungen.

Besonders gut geeignet ist Keramik für alle, die allergisch auf Metalle reagieren. Aber auch Patienten ohne solche Allergien bevorzugen wegen der hohen Verträglichkeit und der sehr guten Ästhetik zunehmend Lösungen ohne Metall. Dank der Adhäsivklebetechnik wird die gesunde Zahnsubstanz praktisch komplett erhalten und nur die fehlende oder defekte ersetzt. Keramikfüllungen stellen somit auch eine äußerst substanzschonende Versorgung dar.

Bei der Herstellung teil- und vollkeramischer Lösungen arbeiten Zahnarzt und Zahntechniker sehr sorgfältig Hand in Hand. Von der Präzision ihrer Arbeit beim Präparieren des Zahns, bei der Werkstoffauswahl, bei Herstellung und Befestigung des Zahnersatzes im Mund hängt der dauerhafte Erfolg für Sie als Patient ab. Standard-Therapielösungen gibt es leider nicht, denn nicht jedes Gebiss ist für eine Versorgung mit Vollkeramikkronen oder -brücken geeignet. Für kleinere Brücken im Front- und Seitenzahnbereich hat sich Keramik bereits bewährt. Besonders mit dem noch recht neuen und hoch belastbaren Werkstoff Zirkonoxid wachsen die Spannen, die sich mit Vollkeramik überbrücken lassen.

Kombinationsarbeiten Kombinationsarbeiten sind die ästhetisch anspruchsvolle und komfortable Alternative zur Klammerprothese: Die noch verbleibenden Zähne werden mit Teleskopkronen überkront, die als Befestigungsgrundlage für den darauf aufzusetzenden Modellguss dienen. Um einen noch besseren Halt zu gewährleisten, besteht die Möglichkeit, so genannte Geschiebe einzuarbeiten.

Krone/Vollguss-, Keramikverblendkrone Sehr große Kariesschäden oder Füllungen werden überkront, wobei der nicht sichtbare Teil des natürlichen Zahns erhalten bleibt. Die Krone ist eine bewährte Versorgung mit sehr langer Haltbarkeit. Sie kann aus reinem Metall, aus Metall mit Keramik- oder Kunststoffüberzug oder auch aus reiner Keramik mit einem Gerüst aus Zirkonoxid gefertigt werden. Der beschädigte Restzahn muss rundherum abgeschliffen werden. Die Krone wird mit Zement oder Klebstoff auf dem Zahnstumpf befestigt. Sie dient natürlich auch als Befestigung bei einer Brücke. Eine teilkeramische Krone oder Brücke besteht aus einem Metallkern, der mit einer ästhetisch ansprechenden und lichtdurchlässigen Keramik verblendet wird. Die Keramik wird schichtweise auf das Gerüst aufgetragen und unter Vakuum im Brennofen gebrannt. So kann der künstliche Zahn seinen natürlichen Nachbarn in Beschaffenheit und Farbe angepasst werden. Der Kern selbst ist jedoch nicht lichtdurchlässig. Ein natürlicherer Eindruck lässt sich mit einer vollkeramischen Versorgung erzielen, die im besten Fall nicht von den eigenen Zähnen zu unterscheiden ist.

Hinzu kommen konventionell mit Zement befestigte Kronen aus neuen, besonders harten Keramiken. Für kleine, bis zu dreigliedrige Brücken im vorderen Gebissbereich sind Silikatkeramiken besonders gut geeignet.

Geht es um Zahnersatz an den Seitenzähnen, die Tag für Tag einen enormen Kaudruck aushalten müssen, kommen feste und dichte Keramikarten zum Einsatz: Aus speziellen Zirkonoxidkeramiken lassen sich Gerüste für Kronen und Brücken fertigen, die dann wiederum mit einer Silikatkeramik verblendet werden. Solche vollkeramischen Kronen und Brücken werden mit sehr guten Ergebnissen in computergesteuerten CAD/CAM-Verfahren hergestellt.

Modellguss (Klammerprothese) Mit der Modellgussprothese ersetzt man fehlende Zähne durch Kunststoffzähne, die an einem Gerüst aus Stahl befestigt sind. Der Modellguss wird an den Nachbarzähnen durch Klammern befestigt, um Halt zu bekommen.

Veneers Veneers, auch Laminates oder Facings genannt, sind 0,3 bis 0,5 Millimeter dünne, zahnfarbene Porzellanschalen, die auf den beschädigten oder verfärbten Frontzähnen befestigt werden. Mit Veneers, die vorzugsweise aus Keramik manuell im Dentallabor hergestellt werden, lassen sich Farbe, Form und bis zu einem gewissen Grad auch die Stellung der Zähne korrigieren. Dank der geringen Dicke der Veneers müssen die Zähne nur minimal beschliffen werden. Die Festigkeit entsteht durch die adhäsive Verklebung, die behandelten Zähne sind schlussendlich mindestens genauso stabil wie unbehandelte Zähne oder Kronen.

Gegenüber herkömmlichen Kronen weisen Veneers neben dem äußerst geringen Platzbedarf vor allem den Vorteil auf, dank ihrer Transparenz auch bei unterschiedlichem Licht nicht erkennbar zu sein. Auch werden die bei Kronen oft störenden dunklen Ränder im Bereich des Zahnfleisches vollständig vermieden. Allerdings erfordert die Herstellung und perfekte ästhetische Anpassung dieser Keramikschalen größte Sorgfalt, gewissenhafte Planung und technische Perfektion.

Vollprothese Die Vollprothese ersetzt im Ober- oder Unterkiefer jeweils komplett fehlende Zahnreihen. Teilprothesen werden an noch stehenden Zähnen mit Klammern, Teleskopkronen oder Kronen mit Geschieben befestigt. Die letzteren Befestigungstechniken sind kosmetisch wesentlich schöner und auch haltbarer als einfache Klammerbefestigungen. Totalprothesen bekommen durch Implantate einen festen Halt.

Zirkonoxid Zirkonium- oder kurz: Zirkonoxid zählt zur Gruppe der Oxidkeramiken, die im Gegensatz zu Silikat- und Feldspatkeramiken eine höhere Biegebruchfestigkeit und Risszähigkeit aufweisen und sich deshalb hervorragend zur Herstellung von vollkeramischen Kronen- und Brückengerüsten eignen. Zirkonoxid zeichnet sich durch eine gute Röntgenopazität, hohe Ästhetik und ausgezeichnete Biokompatibilität aus. Die funktionelle Belastbarkeit ist aufgrund hervorragender physikalischer Werte überdurchschnittlich hoch. Dementsprechend beeindruckend ist auch die Überlebensrate dieser Versorgungen, die in verschiedenen Studien aus den Jahren 1992 (100 Prozent), 1995 (98 Prozent) und 2001 (99,1 Prozent) nachgewiesen wurde.

Die Festzuschüsse

Konkrete Regelversorgung

Bei den befundbezogenen Festzuschüssen wird einem bestimmten Befund eine konkrete Regelversorgung und diesem ein fester Betrag zugeordnet. So gibt es zum Beispiel beim Befund »fehlender Zahn« immer einen pauschalen Betrag in Euro (in diesem Fall für Krone – Brücke – Krone). Insgesamt gibt es acht Befundklassen. Jedem dieser Befunde ist eine bestimmte zahnprothetische Regelversorgung zugeordnet. Sie finden hier eine Übersicht der Befundklassen und Festzuschüsse in Euro.

Befundklasse 1
Erhaltungswürdiger Zahn (Einzelkronen, Stiftaufbauten)

1.1 Erhaltungswürdiger Zahn mit weitgehender Zerstörung der klinischen Krone oder unzureichende Retentionsmöglichkeit, je Zahn (Metallische Vollkrone)

ohne Bonus:	115,27
20 % Bonus:	138,32
30 % Bonus:	149,85
doppelter Festzuschuss:	230,54

1.2 Erhaltungswürdiger Zahn mit großen Substanzdefekten, aber erhaltener vestibulärer und/oder oraler Zahnsubstanz, je Zahn (Metallische Teilkrone)

ohne Bonus:	129,36
20 % Bonus:	155,23
30 % Bonus:	168,17
doppelter Festzuschuss:	258,72

1.3 Erhaltungswürdiger Zahn mit weitgehender Zerstörung der klinischen Krone oder unzureichende Retentionsmöglichkeit im Verblendbereich (15–25 und 34–44), je Verblendung für Kronen (auch implantatgestützte) (Vestibuläre Verblendung)

ohne Bonus:	41,85
20 % Bonus:	50,22
30 % Bonus:	54,41
doppelter Festzuschuss:	83,70

1.4 Endodontisch behandelter Zahn mit Erfordernis eines konfektionierten metallischen Stiftaufbaus mit herkömmlichen Zementierungsverfahren, je Zahn (Konfektionierter Stiftaufbau)

ohne Bonus:	24,92
20 % Bonus:	29,90
30 % Bonus:	32,40
doppelter Festzuschuss:	49,84

1.5 Endodontisch behandelter Zahn mit Erfordernis eines gegossenen metallischen Stiftaufbaus mit herkömmlichen Zementierungsverfahren, je Zahn (Gegossener Stiftaufbau zweizeitig)

ohne Bonus:	75,93
20 % Bonus:	91,12
30 % Bonus:	98,71
doppelter Festzuschuss:	151,86

Befundklasse 2

Zahnbegrenzte Lücken von höchstens vier fehlenden Zähnen je Kiefer bei ansonsten geschlossener Zahnreihe (Brückenversorgungen)

2.1 Zahnbegrenzte Lücke mit einem fehlenden Zahn, je Lücke (Brücke mit einem ersetzten Zahn)

ohne Bonus:	273,30
20 % Bonus:	327,96
30 % Bonus:	355,29
doppelter Festzuschuss:	546,60

(Bei gleichzeitigem Vorliegen eines Befundes im Oberkiefer für eine Brückenversorgung zum Ersatz von bis zu zwei nebeneinander fehlenden Schneidezähnen und für herausnehmbaren Zahnersatz ist bei beidseitigen Freiendsituationen neben dem Festzuschuss nach dem Befund 2.1 zusätzlich ein Festzuschuss nach dem Befund 3.1 ansetzbar.)

2.2 Zahnbegrenzte Lücke mit zwei nebeneinander fehlenden Zähnen, je Lücke (Brücke mit zwei ersetzten Zähnen)

ohne Bonus:	312,48
20 % Bonus:	374,98
30 % Bonus:	406,22
doppelter Festzuschuss:	624,96

(Bei gleichzeitigem Vorliegen eines Befundes im Oberkiefer für eine Brückenversorgung zum Ersatz von bis zu zwei nebeneinander fehlenden Schneidezähnen und für herausnehmbaren Zahnersatz ist bei beidseitigen Freiendsituationen neben dem Festzuschuss nach dem Befund 2.2 zusätzlich ein Festzuschuss nach dem Befund 3.1 ansetzbar.)

2.3 Zahnbegrenzte Lücke mit drei nebeneinander fehlenden Zähnen, je Kiefer (Brücke mit drei ersetzten Zähnen)

ohne Bonus:	352,26
20 % Bonus:	422,71
30 % Bonus:	457,94
doppelter Festzuschuss:	704,52

2.4 Frontzahnlücke mit vier nebeneinander fehlenden Zähnen, je Kiefer (Frontzahnbrücke mit vier ersetzten Zähnen)

ohne Bonus:	387,50
20 % Bonus:	465,00
30 % Bonus:	503,75
doppelter Festzuschuss:	775,00

2.5 An eine Lücke unmittelbar angrenzende weitere zahnbegrenzte Lücke mit einem fehlenden Zahn (Krone mit einem ersetztem Zahn)

ohne Bonus:	152,63
20 % Bonus:	183,16
30 % Bonus:	198,42
doppelter Festzuschuss:	305,26

2.6 Disparallele Pfeilerzähne zur festsitzenden Zahnersatzversorgung, je Lücke (Geschiebe bei geteilten Brücken)

ohne Bonus:	116,85
20 % Bonus:	140,22
30 % Bonus:	151,91
doppelter Festzuschuss:	233,70

2.7 Fehlender Zahn in einer zahnbegrenzten Lücke im Verblendbereich (15–25 und 34–44), je Verblendung für einen ersetzten Zahn, auch für einen der Lücke angrenzenden Brückenanker im Verblendbereich (Vestibuläre Verblendung von Brückenankern und Brückengliedern)

ohne Bonus:	40,80
20 % Bonus:	48,96
30 % Bonus:	53,04
doppelter Festzuschuss:	81,60

Befundklasse 3

Zahnbegrenzte Lücken, die nicht den Befunden nach den Nummern 2.1 bis 2.5 und 4 entsprechen (Modellgussprothese, Teleskopkronen).

3.1 Alle zahnbegrenzten Lücken, die nicht den Befunden nach den Nummern 2.1 bis 2.5 und 4 entsprechen, oder Freiendsituationen (Lückensituation II), je Kiefer (Modellgussprothese)

ohne Bonus:	274,58
20 % Bonus:	329,50
30 % Bonus:	356,95
doppelter Festzuschuss:	549,16

(Bei gleichzeitigem Vorliegen eines Befundes im Oberkiefer für eine Brückenversorgung zum Ersatz von bis zu zwei nebeneinander fehlenden Schneidezähnen und für herausnehmbaren Zahnersatz ist bei beidseitigen Freiendsituationen neben dem Festzuschuss nach dem Befund 3.1 zusätzlich ein Festzuschuss nach den Befunden 2.1 und 2.2 ansetzbar.)

3.2 a) Beidseitig bis zu den Eckzähnen verkürzte Zahnreihe,
3.2 b) einseitig bis zum Eckzahn verkürzte Zahnreihe und kontralateral im Seitenzahngebiet bis zum Eckzahn unterbrochene Zahnreihe,
3.2 c) beidseitig im Seitenzahnbereich bis zum Eckzahn unterbrochene Zahnreihe
mit der Notwendigkeit einer dentalen Verankerung durch eine Teleskopkrone, auch für frontal unterbrochene Zahnreihe, je Eckzahn (Teleskopkrone auf den Eckzähnen)

ohne Bonus:	202,21
20 % Bonus:	242,65
30 % Bonus:	262,87
doppelter Festzuschuss:	404,42

Befundklasse 4

Restzahnbestand bis zu drei Zähnen oder zahnloser Kiefer (Totalprothesen, Deckprothesen, Teleskopkronen)

4.1 Restzahnbestand bis zu drei Zähnen im Oberkiefer bei Erfordernis einer schleimhautgetragenen Deckprothese in Verbindung mit einer dentalen Verankerung durch Teleskopkrone(n) oder Wurzelstiftkappe(n), je Kiefer (Deckprothese Oberkiefer)
ohne Bonus: 257,64
20 % Bonus: 309,17
30 % Bonus: 334,93
doppelter Festzuschuss: 515,28

4.2 Zahnloser Oberkiefer (Totalprothese Oberkiefer)

ohne Bonus:	253,50
20 % Bonus:	304,20
30 % Bonus:	329,55
doppelter Festzuschuss:	507,00

4.3 Restzahnbestand bis zu drei Zähnen im Unterkiefer bei Erfordernis einer schleimhautgetragenen Deckprothese in Verbindung mit einer dentalen Verankerung durch Teleskopkrone(n) oder Wurzelstiftkappe(n), je Kiefer (Deckprothese Unterkiefer)

ohne Bonus:	276,88
20 % Bonus:	332,26

30 % Bonus:	359,94
doppelter Festzuschuss:	553,76

4.4 Zahnloser Unterkiefer (Totalprothese Unterkiefer)

ohne Bonus:	270,75
20 % Bonus:	324,90
30 % Bonus:	351,98
doppelter Festzuschuss:	541,50

4.5 Erfordernis einer Metallbasis, je Kiefer (Metallbasis)

ohne Bonus:	67,93
20 % Bonus:	81,52
30 % Bonus:	88,31
doppelter Festzuschuss:	135,86

4.6 Restzahnbestand bis zu drei Zähnen je Kiefer bei Erfordernis einer dentalen Verankerung durch Teleskopkronen, je Ankerzahn (Teleskopkrone)

ohne Bonus:	213,86
20 % Bonus:	256,63
30 % Bonus:	278,02
doppelter Festzuschuss:	427,72

4.7 Erfordernis der Verblendung einer Teleskopkrone im Verblendbereich (15–25 und 34–44), je Ankerzahn (Vestibuläre Verblendung einer Teleskopkrone)

ohne Bonus:	26,60
20 % Bonus:	31,92
30 % Bonus:	34,58
doppelter Festzuschuss:	53,20

4.8 Restzahnbestand bis zu drei Zähnen je Kiefer bei Erfordernis einer dentalen Verankerung durch Wurzelstiftkappen, je Ankerzahn (Wurzelstiftkappe)

ohne Bonus:	191,64
20 % Bonus:	229,97
30 % Bonus:	249,13
doppelter Festzuschuss:	383,28

4.9 Schwierig zu bestimmende Lagebeziehung der Kiefer bei der Versorgung mit Totalprothesen und schleimhautgetragenen Deckprothesen (Erfordernis einer Stützstiftregistrierung), je Gesamtbefund (Intraorale Stützstiftregistrierung)

ohne Bonus:	47,99
20 % Bonus:	57,59
30 % Bonus:	62,39
doppelter Festzuschuss:	95,98

Befundklasse 5

Lückengebiss nach Zahnverlust in Fällen, in denen eine endgültige Versorgung nicht sofort möglich ist (Interimsprothesen).

5.1 Lückengebiss nach Verlust von bis zu vier Zähnen je Kiefer in Fällen, in denen eine endgültige Versorgung nicht sofort möglich ist, je Kiefer (Partielle Prothese)

ohne Bonus:	85,31
20 % Bonus:	102,37
30 % Bonus:	110,90
doppelter Festzuschuss:	170,62

5.2 Lückengebiss nach Verlust von fünf bis acht Zähnen je Kiefer in Fällen, in denen eine endgültige Versorgung nicht sofort möglich ist, je Kiefer (Partielle Prothese)

ohne Bonus:	117,50
20 % Bonus:	141,00
30 % Bonus:	152,75
doppelter Festzuschuss:	235,00

5.3 Lückengebiss nach Verlust von über acht Zähnen je Kiefer in Fällen, in denen eine endgültige Versorgung nicht sofort möglich ist, je Kiefer (Partielle Prothese)

ohne Bonus:	153,80
20 % Bonus:	184,56
30 % Bonus:	199,94
doppelter Festzuschuss:	307,60

5.4 Zahnloser Ober- oder Unterkiefer in Fällen, in denen eine endgültige Versorgung nicht sofort möglich ist, je Kiefer (Totalprothese Oberkiefer und/oder Totalprothese Unterkiefer)

ohne Bonus:	222,90
20 % Bonus:	267,48
30 % Bonus:	289,77
doppelter Festzuschuss:	445,80

Befundklasse 6

Wiederherstellungs- oder erweiterungsbedürftiger konventioneller Zahnersatz

6.1 Prothetisch versorgtes Gebiss ohne Befundveränderung mit wiederherstellungsbedürftiger herausnehmbarer Versorgung ohne Erfordernis der Abformung (Maßnahmen im Kunststoffbereich), je Prothese

ohne Bonus:	26,04
20 % Bonus:	31,25
30 % Bonus:	33,85
doppelter Festzuschuss:	52,08

6.2 Prothetisch versorgtes Gebiss ohne Befundveränderung mit wiederherstellungsbedürftiger herausnehmbarer Versorgung mit Erfordernis der Abformung (Maßnahmen im Kunststoffbereich), je Prothese

ohne Bonus:	37,36
20 % Bonus:	44,83
30 % Bonus:	48,57
doppelter Festzuschuss:	74,72

6.3 Prothetisch versorgtes Gebiss ohne Befundveränderung mit wiederherstellungsbedürftiger herausnehmbarer Versorgung mit Maßnahmen im gegossenen Metallbereich, je Prothese

ohne Bonus:	57,70
20 % Bonus:	69,24
30 % Bonus:	75,01
doppelter Festzuschuss:	115,40

6.4 Prothetisch versorgtes Gebiss mit Befundveränderung mit erweiterungsbedürftiger Versorgung mit Maßnahmen im Kunststoffbereich, je Prothese

ohne Bonus:	51,82
20 % Bonus:	62,18
30 % Bonus:	67,37
doppelter Festzuschuss:	103,64

6.5 Prothetisch versorgtes Gebiss mit Befundveränderung mit erweiterungsbedürftiger Versorgung mit Maßnahmen im gegossenen Metallbereich, je Prothese

ohne Bonus:	66,21
20 % Bonus:	79,45
30 % Bonus:	86,07
doppelter Festzuschuss:	132,42

6.6 Verändertes Prothesenlager bei erhaltungswürdigem Teil-Zahnersatz, je Prothese

ohne Bonus:	49,74
20 % Bonus:	59,69
30 % Bonus:	64,66
doppelter Festzuschuss:	99,48

6.7 Verändertes Prothesenlager bei erhaltungswürdigem totalem Zahnersatz oder schleimhautgetragener Deckprothese, je Kiefer

ohne Bonus:	64,74
20 % Bonus:	77,69
30 % Bonus:	84,16
doppelter Festzuschuss:	129,48

6.8. Wiederherstellungsbedürftiger festsitzender rezementierbarer Zahnersatz, je Zahn

ohne Bonus:	8,58
20 % Bonus:	10,30
30 % Bonus:	11,15
doppelter Festzuschuss:	17,16

6.9 Wiederherstellungsbedürftige Facette an einer Krone oder einem Brückenanker, einem Brückenglied, je Facette

ohne Bonus:	35,29
20 % Bonus:	42,35
30 % Bonus:	45,88
doppelter Festzuschuss:	70,58

6.10 Erneuerungsbedürftiges Sekundärteleskop, je Zahn

ohne Bonus:	144,29
20 % Bonus:	173,15
30 % Bonus:	187,58
doppelter Festzuschuss:	288,58

Befundklasse 7

Erneuerung oder Wiederherstellung von Suprakonstruktionen

7.1. Erneuerungsbedürftige Suprakonstruktion (vorhandenes Implantat bei zahnbegrenzter Einzelzahnlücke), je implantatgetragene Krone

ohne Bonus:	114,92
20 % Bonus:	137,90
30 % Bonus:	149,40
doppelter Festzuschuss:	229,84

7.2 Erneuerungsbedürftige Suprakonstruktion, die über den Befund nach Nr. 7.1 hinausgeht, je implantatgetragene Krone, Brückenanker oder Brückenglied, höchstens viermal je Kiefer

ohne Bonus:	71,35
20 % Bonus:	85,62
30 % Bonus:	92,76
doppelter Festzuschuss:	142,70

7.3 Wiederherstellungsbedürftige Suprakonstruktionen (Facette), je Facette

ohne Bonus:	35,30
20 % Bonus:	42,36
30 % Bonus:	45,89
doppelter Festzuschuss:	70,60

7.4 Wiederherstellungsbedürftiger festsitzender rezementierbarer Zahnersatz, je implantatgetragene Krone oder Brückenanker

ohne Bonus:	8,58
20 % Bonus:	10,30
30 % Bonus:	11,15
doppelter Festzuschuss:	17,16

7.5 Erneuerungsbedürftige implantatgetragene Prothesenkonstruktion, je Prothesenkonstruktion

ohne Bonus:	261,33
20 % Bonus:	313,60
30 % Bonus:	339,73
doppelter Festzuschuss:	522,66

7.6 Erneuerungsbedürftige Prothesenkonstruktion bei atrophiertem zahnlosem Kiefer, je implantatgetragenem Konnektor als Zuschlag zum Befund nach Nr. 7.5, höchstens viermal je Kiefer

ohne Bonus:	8,58
20 % Bonus:	10,30
30 % Bonus:	11,15
doppelter Festzuschuss:	17,16

7.7 Wiederherstellungsbedürftige, implantatgetragene Prothesenkonstruktion, je Prothesenkonstruktion

ohne Bonus:	37,36
20 % Bonus:	44,83
30 % Bonus:	48,57
doppelter Festzuschuss:	74,72

Befundklasse 8

Nicht vollendete Behandlung

Die Befunde zu dieser Befundklasse setzen den Ansatz der zugehörigen Teilleistungen voraus. Da diese variieren können, wird auf einen betragsmäßigen Ausweis verzichtet.

Quelle: Gemeinsamer Bundesausschuss

Sozialgesetzbuch (SGB) Fünftes Buch (V)

§ 28 Absatz 4 Satz 1
Versicherte, die das achtzehnte Lebensjahr vollendet haben, leisten je Kalendervierteljahr für jede erste Inanspruchnahme eines an der ambulanten ärztlichen, zahnärztlichen oder psychotherapeutischen Versorgung teilnehmenden Leistungserbringers, die nicht auf Überweisung aus demselben Kalendervierteljahr erfolgt, als Zuzahlung den sich nach § 61 Satz 2 ergebenden Betrag an den Leistungserbringer.

§ 31 Absatz 3 Satz 1
Versicherte, die das achtzehnte Lebensjahr vollendet haben, leisten an die abgebende Stelle zu jedem zu Lasten der gesetzlichen Krankenversicherung verordneten Arznei- und Verbandmittel als Zuzahlung den sich nach § 61 Satz 1 ergebenden Betrag, jedoch jeweils nicht mehr als die Kosten des Mittels.

§ 32 Absatz 2 Satz 1
Versicherte, die das achtzehnte Lebensjahr vollendet haben, haben zu den Kosten der Heilmittel als Zuzahlung den sich nach § 61 Satz 3 ergebenden Betrag an die abgebende Stelle zu leisten.

§ 33 Absatz 2 Satz 5
Versicherte, die das achtzehnte Lebensjahr vollendet haben, leisten zu jedem zu Lasten der gesetzlichen Krankenversicherung verordneten Hilfsmittel als Zuzahlung den sich nach § 61 Satz 1 ergebenden Betrag zu dem von der Krankenkasse zu übernehmenden Betrag an die abgebende Stelle; der Vergütungsanspruch nach den Sätzen 1 und 2 verringert sich um die Zuzahlung; die Zuzahlung bei zum Verbrauch bestimmten Hilfsmitteln beträgt 10 vom Hundert je Packung, höchstens jedoch 10 Euro für den Monatsbedarf je Indikation.

§ 39 Absatz 2
Wählen Versicherte ohne zwingenden Grund ein anderes als ein in der ärztlichen Einweisung genanntes Krankenhaus, können ihnen die Mehrkosten ganz oder teilweise auferlegt werden.

§ 39 Absatz 4
Versicherte, die das achtzehnte Lebensjahr vollendet haben, zahlen vom Beginn der vollstationären Krankenhausbehandlung an innerhalb eines Kalenderjahres für längstens 28 Tage den sich nach § 61 Satz 2 ergebenden Betrag je Kalendertag an das Krankenhaus, das diesen Betrag an die Krankenkasse weiterleitet. Die innerhalb des Kalenderjahres bereits an einen Träger der gesetzlichen Rentenversicherung geleistete Zahlung nach § 32 Abs. 1 Satz 2 des Sechsten Buches sowie die nach § 40 Abs. 6 Satz 1 geleistete Zuzahlung sind auf die Zahlung nach Satz 1 anzurechnen.

§ 40 Absatz 5
Versicherte, die eine Leistung nach Absatz 1 oder 2 in Anspruch nehmen und das achtzehnte Lebensjahr vollendet haben, zahlen je Kalendertag den sich nach § 61 Satz 2 ergebenden Betrag an die Einrichtung. Die Zahlungen sind an die Krankenkasse weiterzuleiten.

§ 40 Absatz 6
Versicherte, die das achtzehnte Lebensjahr vollendet haben und eine Leistung nach Absatz 1 oder 2 in Anspruch nehmen, deren unmittelbarer Anschluss an eine Krankenhausbehandlung medizinisch notwendig ist (Anschlussrehabilitation), zahlen den sich nach § 61 Satz 2 ergebenden Betrag für längstens 28 Tage je Kalenderjahr an die Einrichtung; als unmittelbar gilt der Anschluss auch, wenn die Maßnahme innerhalb von 14 Tagen beginnt, es sei denn, die Einhaltung dieser Frist ist aus zwingenden tatsächlichen oder medizinischen Gründen nicht möglich. Die innerhalb des Kalenderjahres bereits an einen Träger der gesetzlichen Rentenversicherung geleistete kalendertägliche Zahlung nach § 32 Abs. 1 Satz 2 des Sechsten Buches sowie die nach § 39 Abs. 4 geleistete Zahlung sind auf die Zahlung nach Satz 1 anzurechnen. Die Zahlungen sind an die Krankenkasse weiterzuleiten.

§ 41 Absatz 3
Versicherte, die das achtzehnte Lebensjahr vollendet haben und eine Leistung nach Absatz 1 in Anspruch nehmen, zahlen je Kalendertag den sich nach § 61 Satz 2 ergebenden Betrag an die Einrichtung. Die Zahlungen sind an die Krankenkasse weiterzuleiten.

§ 55 Absatz 1 Satz 2
Die Festzuschüsse umfassen 50 vom Hundert der nach § 57 Abs. 1 Satz 6 und Abs. 2 Satz 6 und 7 festgesetzten Beträge für die jeweilige Regelversorgung.

§ 58 Absatz 2
Sofern Mitglieder der Krankenkasse eine Bescheinigung eines privaten Krankenversicherungsunternehmens darüber vorlegen, dass sie von diesem für sich und für ihre nach § 10 versicherten Angehörigen Vertragsleistungen beanspruchen können, die der Art und dem Umfang nach denen des § 55 Abs. 1 und des § 56 vergleichbar sind, entfällt für das Mitglied und die nach § 10 versicherten Angehörigen dauerhaft der Leistungsanspruch nach den §§ 55 und 56 sowie der Beitrag nach Absatz 1.

§ 60 Absatz 2
Die Krankenkasse übernimmt die Fahrkosten in Höhe des sich nach § 61 Satz 1 ergebenden Betrages je Fahrt übersteigenden Betrages

1. bei Leistungen, die stationär erbracht werden; dies gilt bei einer Verlegung in ein anderes Krankenhaus nur, wenn die Verlegung aus zwingenden medizinischen Gründen erforderlich ist, oder bei einer mit Einwilligung der Krankenkasse erfolgten Verlegung in ein wohnortnahes Krankenhaus,
2. bei Rettungsfahrten zum Krankenhaus auch dann, wenn eine stationäre Behandlung nicht erforderlich ist,
3. bei anderen Fahrten von Versicherten, die während der Fahrt einer fachlichen Betreuung oder der besonderen Einrichtungen eines Krankenkraftwagens bedürfen oder bei denen dies auf Grund ihres Zustandes zu erwarten ist (Krankentransport),
4. bei Fahrten von Versicherten zu einer ambulanten Krankenbehandlung sowie zu einer Behandlung nach § 115a oder § 115b, wenn dadurch eine an sich gebotene vollstationäre oder teilstationäre Krankenhausbehandlung (§ 39) vermieden oder verkürzt wird oder diese nicht ausführbar ist, wie bei einer stationären Krankenhausbehandlung.

Soweit Fahrten nach Satz 1 von Rettungsdiensten durchgeführt werden, zieht die Krankenkasse die Zuzahlung in Höhe des sich nach § 61 Satz 1 ergebenden Betrages je Fahrt von dem Versicherten ein.

§ 61
Zuzahlungen, die Versicherte zu leisten haben, betragen 10 vom Hundert des Abgabepreises, mindestens jedoch 5 Euro und höchstens 10 Euro; allerdings jeweils nicht mehr als die Kosten des Mittels. Als Zuzahlungen zu stationären Maßnahmen werden je Kalendertag 10 Euro erhoben. Bei Heilmitteln und häuslicher Krankenpflege beträgt die Zuzahlung 10 vom Hundert der Kosten sowie 10 Euro je Verordnung. Geleistete Zuzahlungen sind von dem zum Einzug Verpflichteten gegenüber dem Versicherten zu quittieren; ein Vergütungsanspruch hierfür besteht nicht.

Abkürzungsverzeichnis

BEB	Bundeseinheitliche Benennungsliste
BEL	Bundeseinheitliches Verzeichnis zahntechnischer Leistungen
BEMA	Bewertungsmaßstab für zahnärztliche Leistungen
BGB	Bürgerliches Gesetzbuch
BMV	Bundesmantelvertrag
BSG	Bundessozialgericht
BZK	Bezirksärztekammer
DGZMK	Deutsche Gesellschaft für Zahn-, Mund- und Kieferheilkunde
EKV	Ersatzkassenvertrag
EuGH	Europäischer Gerichtshof
EVZ	Europäisches Verbraucherzentrum
GKV	Gesetzliche Krankenversicherung
GMG	Gesundheitsmodernisierungsgesetz
GOÄ	Gebührenordnung für Ärzte
GOZ	Gebührenordnung für Zahnärzte
HKP	Heil- und Kostenplan
IKK	Innungskrankenkassen
IP	Individualprophylaxe
KZBV	Kassenzahnärztliche Bundesvereinigung
KZV	Kassenzahnärztliche Vereinigung
LSG	Landessozialgericht
MDK	Medizinischer Dienst der Krankenkassen

NEM	Nichtedelmetall(-Legierung)
OTC	nicht verschreibungspflichtig (»over the counter«)
SGB	Sozialgesetzbuch
TP	Therapieplanung
VdAk	Verband der Angestelltenkrankenkassen
ZÄK	Zahnärztekammer
ZE	Zahnersatz

Register